中国村镇社区化转型发展研究丛书

丛书主编：崔东旭 刘涛

Ecological Optimization Strategies and Techniques for
Village and Town Community Planning

村镇社区生态优化规划策略与技术

司马蕾 / 著

图书在版编目(CIP)数据

村镇社区生态优化规划策略与技术/司马蕾著. — 北京：北京大学出版社，2024.3
（中国村镇社区化转型发展研究丛书）
ISBN 978-7-301-34867-3

Ⅰ.①村… Ⅱ.①司… Ⅲ.①农村社区-生态环境建设-乡村规划-研究-中国 Ⅳ.①D669.3

中国国家版本馆CIP数据核字（2024）第021763号

书　　名	村镇社区生态优化规划策略与技术 CUNZHEN SHEQU SHENGTAI YOUHUA GUIHUA CELÜE YU JISHU
著作责任者	司马蕾　著
责 任 编 辑	王树通
标 准 书 号	ISBN 978-7-301-34867-3
出 版 发 行	北京大学出版社
地　　址	北京市海淀区成府路205 号　100871
网　　址	http://www.pup.cn　　新浪微博: @北京大学出版社
电 子 邮 箱	编辑部lk2@pup.cn　总编室zpup@pup.cn
电　　话	邮购部010-62752015　发行部010-62750672　编辑部010-62764976
印 刷 者	北京宏伟双华印刷有限公司
经 销 者	新华书店 720毫米×1020毫米　16开本　12印张　210千字 2024年3月第1版　2024年3月第1次印刷
定　　价	62.00元

未经许可，不得以任何方式复制或抄袭本书之部分或全部内容。
版权所有，侵权必究
举报电话: 010-62752024　电子邮箱: fd@pup.cn
图书如有印装质量问题，请与出版部联系，电话: 010-62756370

"中国村镇社区化转型发展研究"丛书

编委会

主　编　崔东旭　刘　涛
副主编　黄一如　宋聚生　李向峰
　　　　　仝　晖　赵　亮
编　委　张志伟　孔亚暐　李世芬
　　　　　姚　栋　吴　晓　李泽唐
　　　　　何　易　刘　堃　冯长春
　　　　　王　雷　吴冰璐　司马蕾
　　　　　尹宏玲　杨　震　江　泓
　　　　　戴晓辉　杨　辉　唐敬超
　　　　　何文晶　梁琪柏　陈亚男
　　　　　彭荣熙

丛书总序

本丛书的主要研究内容是探讨乡村振兴目标下的我国村镇功能空间发展、社区化转型及空间优化规划等。

村镇是我国城乡体系的基层单元。由于地理环境、农作特色、经济区位等发展条件的差异，我国村镇形成了各具特色的空间形态和功能系统。快速城镇化进程中，村镇地区的基础条件和发展情况差异巨大，人口大量外流、设施服务缺失、空间秩序混杂等问题普遍存在，成为发展不平衡、不充分的主要矛盾。党的二十大报告指出，全面建设社会主义现代化国家，最艰巨最繁重的任务仍然在农村。因此，从村镇地区功能空间转型和可持续发展的角度出发，研究农业农村现代化和乡村振兴目标下的村镇社区化转型，探索形成具有中国特色的村镇社区空间规划体系，具有重要的学术价值和实践意义。

"中国村镇社区化转型发展研究"丛书的首批成果是在"十三五"国家重点研发计划"绿色宜居村镇技术创新"专项的第二批启动项目"村镇社区空间优化与布局"研发成果的基础上编撰而成的。山东建筑大学牵头该项目，并与课题承担单位同济大学、北京大学、哈尔滨工业大学（深圳）、东南大学共同组成项目组。面向乡村振兴战略需求，针对我国村镇量大面广、时空分异明显和快速减量重构等问题，建立了以人为中心、以问题为导向、以需求为牵引的研究思路，与绿色宜居村建设和国土空间规划相衔接，围绕村镇社区空间演化规律和"三生"（生产、生活、生态）空间互动机理等科学问题，从生产、生活、生态三个维度，全域、建设区、非建设区、公共设施和人居单元五个空间层次开展技术创新。

项目的五个课题组分别从村镇社区的概念内涵、发展潜力、演化路径和动力机制出发，构建"特征分类+特色分类"空间图谱，在全域空间分区管控、"参与式"规划决策技术，生态适宜性和敏感性"双评价"，公共服务设施要素一体化规划和监测评估，村镇社区绿色人居单元环境模拟、生成设计等方面进行了技术创新和集成应用。截至2022年年底，项目组已在全国1300多个村镇开展了调研，在东北、华北、华东、华南和西南进行了50个规划设计示范、10个技术集成示范和5个建成项目示范，形成了可复制、可推广的成果。已发表论文100余篇，获得16项发明专利授权，取得21项软件著作权，培养博士、硕士学位研究生62名，培训地方管理人员61名。一些研究成果已经在国家重点研发计划项目示范区域进行了应用，通过推广可为乡村振兴和绿色宜居村镇建设提供技术支撑。

村镇地区的功能转型升级和空间优化规划是一项艰巨而持久的任务，是中国式现代化在乡村地区逐步实现的必由之路。随着我国城镇化的稳步推进，各地的城乡关系正在持续地演化与分化，村镇地区转型发展必将面临诸多的新问题、新挑战，地方探索的新模式、新路径也在不断涌现。在迈向乡村振兴的新时代，需要学界、业界同人群策群力，共同推进相关的基础理论方法研究、共性关键技术研发、实践案例应用探索等工作。项目完成之后，项目团队依然在持续开展村镇社区化转型发展相关的研究工作，本丛书也将陆续出版项目团队成员、合作者及本领域相关专家学者的后续研究成果。

本丛书的出版得到了中国农村技术开发中心和项目专家组的精心指导，也凝聚了项目团队成员、丛书作者的辛勤努力。在此，向勇于实践、不断创新的科技工作者，向扎根祖国大地、为乡村振兴事业努力付出的同行们致以崇高的敬意。

"中国村镇社区化转型发展研究"
丛书编委会
2023年4月

引　言

在乡村振兴战略全面实施的背景下，为充分贯彻落实"绿水青山就是金山银山"的发展理念，需要在维持和保护村镇地区现有的良好生态环境的同时提高环境的质量，在保护生物资源的同时通过生态环境的优化为实现村镇的产业升级等发展需求提供硬件基础。而在基于微观尺度的村镇社区层面，生态的优化规划需要在地点级别的较小空间范围内实现生产、生活、生态（简称"三生"）空间的协调、促进多主体的公众参与、保障项目全周期和可持续的优化效果等目标，对规划工作的精细度、实施的可操作性、视角的完整性均有较高的要求，是村镇社区规划工作中新的重要内容，也是新的挑战。

同时，在实施面向村镇社区的生态空间优化规划的过程中，将空间格局优化与对生产和生活基础设施的整治协同起来考虑，探索在保护乡村丰富的自然环境和生物多样性的同时建设美好的村镇景观，实现生态的敏感性与适应性双重提升目标，增强生态系统的自然和社会效益，也是建设"以人为本"的村镇生态环境，进而推动地区整体建设的重要契机。在上述背景下，本书依托"十三五"国家重点研发计划"村镇社区空间优化与布局研究"下属课题"村镇社区生态保护与生态空间优化规划技术"，综合多国经验，梳理了面向村镇社区的生态空间优化策略与技术。

全书分为上下两篇，上篇主要探讨村镇社区生态优化规划的相关策略，梳理了面向村镇社区这一微观尺度的生态优化总体目标、原则、内容，并基于两种维度——面向规划过程全阶段和不同类型生态空间的时空维度，以及"三生"协调与"公众参与"这两种重要规划理念维度，梳理了村镇社区生态空间优化的相关策略。成果有助于为相关规划工作拓宽思路，平衡村镇社区建设与生态环境保护的关系，促进可持续的村镇发展。

下篇则探讨村镇社区生态优化规划工作实施中的技术，梳理了面向具体项目的规划内容的基本构成，以及在项目优化具体目标的设定、调查的实施、规划方案的制订、基础设施的设计、施工方案的设计、后续的维护管理的各阶段中，兼顾生物保护与景观营造，以自然与人文资源的双重提升为目标的规划实施技术。成果将为相关规划思想的应用和落地提供指引，促进基层村镇社区生态空间优化工作的推广和实施。

司马蕾

2023年12月

目 录

上篇 村镇社区生态优化规划策略

1 村镇社区生态优化的总体目标、原则与内容 ··············· 3
   1.1 研究的背景 ··· 3
   1.2 村镇社区生态空间优化工作的总体目标 ············· 5
   1.3 村镇社区生态空间优化的原则 ························ 11
   1.4 村镇社区生态空间优化的内容 ························ 17

2 村镇社区规划各阶段中的生态空间优化策略 ················ 20
   2.1 前期调查阶段的生态信息收集 ························ 20
   2.2 生态空间总体优化方案的制订 ························ 26
   2.3 基础设施设计的生态保护对策 ························ 39
   2.4 小结 ·· 44

3 微观尺度下的村镇社区生态优化规划策略 ··················· 46
   3.1 村镇社区规划理论与方法 ······························ 46
   3.2 村镇社区中的生态空间构成与优化方针 ············ 48
   3.3 村镇社区中的生态空间优化策略 ····················· 50
   3.4 小结 ·· 58

4 基于"三生"空间协调的村镇社区生态优化策略 ··········· 59
   4.1 "三生"空间协调思想在村镇规划中的应用 ······· 59

- 4.2 村镇社区中的"三生"空间协调的目标 60
- 4.3 生产空间的规划方针与相关措施 63
- 4.4 生活空间的规划方针与相关措施 65
- 4.5 生态空间的规划方针与相关措施 66
- 4.6 小结 68

5 村镇社区生态空间规划中的公众参与策略 69
- 5.1 公众参与思想在村镇规划中的应用 69
- 5.2 公众参与在村镇社区生态空间规划中的意义与主体 71
- 5.3 村镇社区生态空间规划各阶段的公众参与方法 74
- 5.4 促进公众参与的工作方法的分类与比较 77
- 5.5 小结 81

下篇　村镇社区生态优化规划技术

6 村镇社区生态优化规划的基本内容 85
- 6.1 村镇社区生态空间优化规划的特点 85
- 6.2 村镇社区的生物多样性保护 87
- 6.3 村镇社区景观的保护和营造 93

7 生态优化具体目标的制定 102
- 7.1 制定生态优化目标的流程和要点 102
- 7.2 调查和评价村镇社区生态现状 105
- 7.3 制定生态优化规划目标的方法 111
- 7.4 制定生态优化目标的注意事项 116
- 7.5 通过公众参与促进目标的实现 119

8 生态优化相关信息的调查 123
- 8.1 生物信息调查 123
- 8.2 景观特点调查 132

9 生态优化规划方案的制订 137
- 9.1 生态优化规划 137
- 9.2 景观优化规划 144

10 生态优化的基础设施设计 ·············· 148
10.1 生物友好的基础设施设计 ·············· 148
10.2 景观优化的基础设施设计 ·············· 159

11 生态友好的施工方案设计 ·············· 164
11.1 生物友好的施工方案 ·············· 164
11.2 景观优化的施工方案 ·············· 167

12 维护管理与持续生态优化 ·············· 169
12.1 生物友好的维护管理方法 ·············· 169
12.2 生态监测与适应性管理 ·············· 170
12.3 景观的维护管理 ·············· 173
12.4 以生态优化为契机促进地区建设 ·············· 174

结语 ·············· 176

参考文献 ·············· 177

上 篇
村镇社区生态优化规划策略

1 村镇社区生态优化的总体目标、原则与内容
2 村镇社区规划各阶段中的生态空间优化策略
3 微观尺度下的村镇社区生态优化规划策略
4 基于"三生"空间协调的村镇社区生态优化策略
5 村镇社区生态空间规划中的公众参与策略

1 村镇社区生态优化的总体目标、原则与内容

1.1 研究的背景

随着我国工业化和城镇化进程的快速推进,村镇、农业、生态空间之间的结构性矛盾日渐加剧,一些村镇的规划侵占了大量的自然生态空间,加速了生态系统的功能退化,也造成了诸多的环境问题。自然资源部于2019年5月下发了《关于加强村庄规划促进乡村振兴的通知》,明确村镇的规划工作应通盘考虑土地利用、产业发展、居民点布局、人居环境整治、生态保护和历史文化传承之间的关系;并强调应坚持节约优先、保护优先,实现绿色发展和高质量发展;同时坚持因地制宜、突出地域特色,防止乡村建设"千村一面"。

在这一要求下,需要系统且精细化的村镇生态空间新规划方法和技术,提升空间规划的质量和可持续性,以顺应时代需求。尤其在村镇社区这一过去较少关注的微观尺度层面,亟须研究生态空间的功能与格局优化策略,以满足我国当下的新发展需求。

1. 生态环境问题与可持续发展需求

人类活动已经对有限的地球生态造成了全球变暖、生物种类减少等巨大的影响。随着对环境问题认识的不断深化,确保生态环境资源使用的可持续性已经成为未来社会发展中的当务之急。"绿水青山就是金山银山"是习近平总书记统筹经济发展与生态环境保护做出的重要论断,也为我国在新时代营造绿水青山、转变经济发展方式提供了有力的思想统领。除了政策指引,近年来,我国民众的环

保意识也在不断提升,在未来的村镇地区经济社会发展中,应追求"保护国土与生态环境""与自然和谐共生""构建资源循环型社区"等主题,实现生态保护与地区建设的和谐发展,而针对村镇社区的生态空间优化将助力相关理念的落地。

2. 城乡统筹与美丽乡村建设需求

2008年起实施的《中华人民共和国城乡规划法》首次明确把村庄纳入规划,标志着中国将改变城乡二元结构的规划制度,进入城乡统筹的规划管理新时代。《中华人民共和国城乡规划法》的实施丰富了美丽乡村规划的内涵——在规划过程中既要考虑乡村的特征,强调其与城市不同的景观、人地关系、生产与生活方式;也要考虑城乡统筹,坚持节约和集约使用土地的基本原则,在提升村镇现代化水平的同时体现地方特色。而生态空间的规划是实现美丽乡村建设目标的关键要素,社区生态空间的功能与格局优化有利于在避免对河流、山林、农田等自然空间的破坏的同时,创造出建筑与自然环境和谐一致、相互依存、富有地区特色的村镇环境;在提升村镇人居环境的同时营造美丽的乡村景观。

3. 面向乡村振兴的村镇活力重塑需求

2017年,党的十九大提出乡村振兴战略,将乡村发展建设推向了国家战略高度,并成为引领全国乡村发展建设工作的总纲领。在这一战略指引下,乡村规划的数量和类型都比以往更丰富,规划理念与技术手段也在不断创新。为了实现乡村可持续发展的长远目标,必须重新审视农业和农村在当代生活中的价值——农业以自然物质循环为生产力的基础,除了生产食物,农业生产活动还发挥着保护国土、涵养水源、保护自然生态等多样化的功能;而农村空间除了支持农业生产,还可以作为与自然接触的场所让民众体验新的生活方式,对面临人口老龄化、活力低下的广大村镇地区的经济振兴有重要作用,而对村镇社区生态空间的重塑和优化是从物质层面赋予农业农村这一新功能的重要手段。

综上所述,我国的城镇化进程方兴未艾,村镇的建设需求依旧兴旺,村镇地区的规划工作面临着多变的社会环境和脆弱的生态环境的双重挑战。在实践中,村镇生态资源遭受侵害、破坏生态和伪生态的建设行为屡有发生。但目前对于村镇生态空间规划的研究仍以宏观和中观层面居多,能在微观层面具体、细致地指导生态空间优化规划的方法体系研究较为缺失。在此背景下,本书将结合我国实际需求与发达国家经验，在第1—5章中分别梳理村镇社区生态优化的基本目标与原则、社区规划各阶段中的生态优化策略、针对微观尺度的生态优化策略、促进"三生"和谐发展的生态优化策略、体现公众参与理念的生态优化策略，形成村镇社区生态空间功能与格局优化策略库，为微观尺度的国土空间优化和规划工作提供参考，并促进村镇整体空间规划的健康发展。

1.2 村镇社区生态空间优化工作的总体目标

在世界各国的城镇化历程中，村镇的发展相较城市地区存在滞后性，且地域覆盖面积广、物质基础相对薄弱的情况普遍存在。为此，虽然规划的原则相类似，各国也根据各自国情制定了不同的政策，并采用有不同侧重点的规划方式来引领村镇社区建设和生态空间的协调发展。例如以德国为代表的欧洲国家制定的乡村发展政策的主要目标为强化农业生产和开发乡村特有资源；并要求规划措施与之相结合，强调尊重地方发展的独特性，保留地方特色等。美国则遵从市场经济的大原则，通过前期规划将建设活动的选址、规模、功能限制在生态环境允许的范围内，但土地开发的强度、建筑密度和形式则依市场需求确定。

相比之下，东亚地区的日韩等国与我国有更多文化、资源、体制上的相似之处。例如东亚地区同属汉字文化圈，有相同的饮食结构，以稻作农业为主，乡村面貌较为接近；人口和城镇密度大，从人均资源看都属于"农业小国"；与欧美国家相比都属于政府主导性更强的社会体制。这些因素决定了东亚国家的乡村在城镇化的进程中会遇到相似的课题。同时，东亚地区的村镇发展都受到了欧洲建设实践的影响，目前都在探索本土化和多元化的建设方法。

我国目前已经对村镇生态格局的优化有了一些理论性的研究，但对于融合多学科、针对微观尺度的具体规划方法与策略的研究仍处于起步阶段。为此，本书先对主要发达国家的现行村镇社区生态环境保护方针、生态格局优化办法与相应的措施进行了分析，这部分的理论整理较多参考了生态规划源起的欧美地区经验。在此基础上，梳理了面向我国国情的生态功能与格局优化策略，这一过程中则更多参考了与我国的村镇规划需求共性更多的经验。

如上所述，我国现有的宏观与中观尺度的村镇生态空间优化研究多以国土保护和提高空间利用效率为主要目标，为了让这些规划目标能够在微观尺度中落地，并指导实际的社区规划工作，研究整理了如图1-1所示的村镇社区生态空间优化规划的5项工作目标。

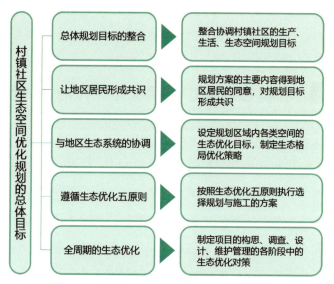

图1-1　村镇社区生态空间优化规划的总体目标

为了实现以上目标，生态空间的优化规划需要具有多样化的视角，并建立有利于提高规划的实效性的工作机制。图1-2从这两个角度出发，梳理了以形成适应国情、建立可持续发展的村镇社会为总体目标的生态空间优化规划工作要点，并将在下文进行具体说明。

1.2.1　确保多样化的生态优化视角

1. 村镇社区环境的整体优化

村镇社区中的生态空间，除了耕地之外，还有环绕在住宅周边的树林、水渠、池塘、田埂、堤坝等多样的生态空间，将其有机地整合起来，就能构成孕育多种生物的生态系统，并形成良好的村镇景观。尽量保护和修复这种古已有之的生态环境，对于建立良好的村镇生态体系具有重要意义。而由于各地的乡村面貌和农业作业内容各不相同，对生态空间的具体优化措施也要根据实际情况来区别对待。

2. 通过公众参与建立与自然和谐共生的循环型社会

为了建设可持续发展的村镇社区，还应在生态空间的优化规划中积极地推

1 村镇社区生态优化的总体目标、原则与内容

目标：建立可持续发展的社会·资源循环型社会

村镇社区中的生态空间优化

规划视角
- 村镇社区环境的整体优化
以建立和维持人与农业、人与自然和谐共生的良好环境为目标，制定各个区域的生态优化目标

- 通过公众参与建立与自然和谐共生的循环型社会
通过组织广大相关人员的参与和倡导人与自然的和谐相处，建立资源循环型社会

- 降低规划对环境的负担并创造良好的环境
在提高农业生产效率和生活环境品质的同时，尽量避免和降低规划对村镇自然环境以及景观等的影响，创造良好的环境

- 在规划的各个阶段都要考虑生态优化的因素
原则上规划的所有内容在实施时都要考虑生态优化的因素

- 在确保工作的透明度和实效性的基础上考虑生态优化因素
根据当地居民、专业人士、行政机关等有关方面的意见，透明清晰地进行生态优化规划

建立具有实效性的机制
- 在项目的调查、规划、施工的各个阶段导入生态优化机制
◎ 制订关于村镇社区生态空间的优化规划方案
◎ 在前期调查阶段就考虑生态优化要素
◎ 从生态优化的视角出发，审查规划方案
◎ 生态优化规划的实施、维护管理以及监测

- 重视当地居民等的意见
◎ 促进当地居民、相关行政部门等的参与，了解各方意向
◎ 促进公众对生态环境的关注和学习

- 确保工作的客观性、透明性
◎ 收集充足的生态环境相关信息，并就环境问题充分交换意见
◎ 充分发挥环境专家的作用

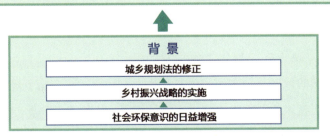

图1-2 支持村镇社区生态空间优化目标达成的工作要点

行"公众参与",通过倡导人与自然的和谐共生,达成建设循环型社会的长期目标。而为了尽量使包括农户在内的当地居民成为生态优化规划的主体,让居民主动认识到当地的生态价值非常重要。为此,有必要推行生态环境相关知识的教育宣导,让当地居民能自发地评估和认识该地区的生态价值。在此基础上,规划方案需要当地居民、行政部门等达成共识后方可实施。

3. 降低规划的环境负担并创建良好的环境

在村镇社区规划中,通过对排水系统、农田空间、农业生产基础设施的整治优化,可以提高农业的生产效率,促进农业经营的合理化和现代化,并通过保护持续的农业生产活动实现对自然生态系统的保护。为此,在村镇社区规划中,应该尽量保护原有的农业活动,在不影响农业生产效率的同时,尽量采取措施减少或避免规划建设对农村的自然环境以及景观造成负面影响。

4. 在调查、计划、施工等各阶段都要考虑生态优化

为了降低规划对生态系统的负担,可以参考国外的"战略性生态评估"概念。以德国为例,各州会根据联邦自然保护法制定自己的自然保护法,再由各州、市等不同层面按照该法规制定景观和生态系统的"景域(Landschaft)规划"内容,在此基础上再进行村镇的具体规划。这一做法值得我国参考,即不仅要在项目的设计和施工阶段,还要在规划构思的早期阶段就将生态优化因素纳入决策过程。

5. 在确保工作的透明度和实效性的基础上考虑生态优化因素

在规划工作的各个阶段,都需要听取当地居民、专业人士、行政机关的意见,并主动地实施生态评估,对结果进行透明清晰的公示和意见听取。在具体的村镇社区规划中,还应建立具有实效性的工作机制,提高规划工作的效率和效果。合理的机制的建立对于在村镇社区这一微观层面的规划的落地效果尤为重要,在下一节将做专题讨论。

1.2.2 建立具有实效性的工作机制

为了在村镇的社区规划中切实落实对生态空间的优化,除了规划方案本身,还应研究为了实施该规划所应建立的实效性机制。机制建设的要点如下。

1. 在项目的调查、规划、施工的各个阶段导入生态优化机制

在对社区规划进行构思时,要预先制订生态环境保护方案,并听取当地居民以及专家的意见，从调查和规划方案的制订阶段就考虑生态优化问题。此外，在项目的施工和维护管理的阶段，也要对规划的环境影响以及环保措施的效果进行监测。

具体而言，对生态优化问题的考虑要在项目的早期就开始，因此有必要在调查和规划方案的制订阶段就开始制定生态优化的相关策略。而在审核规划方案时，除了考虑常规的"项目的必要性""技术的可行性""方案的经济性"等要素，还有必要加上与"对生态环境的优化效果"相关的内容。而规划方案除了应包括生态优化的专项内容，还有必要准备专家意见报告，以及制定生态优化内容的实施措施等。此外，在项目的施工中和项目完成后的维护管理阶段也要考虑生态优化问题，并对项目的生态影响进行持续监测。特别应注意在维护管理阶段也需要建立基于当地居民的参与和合作的管理机制。

2. 重视当地居民等的意见

为了在听取地区居民意愿的基础上制订规划方案，在审核规划方案时，可以考虑增加当地居民的意见书和协议等内容。除了制定相关规定，还应积极促进规划方案制订和施工阶段的公众参与，尽量创造机会广泛听取包括农户和非农户在内的当地居民的意见，建立能促进多主体间达成意见共识的机制。

为了建立公众参与机制，所需要的前期准备和开展规划的费用会有所增加，但这部分成本增加能让当地居民甚至其他地区的民众都享受到规划成果的利益。为此，可以基于对公众参与带来的好处的认识，与相关的利益方探讨如何分担增加的费用，提升机制运作的可持续性。

3. 确保工作的客观性、透明性

要确保生态优化方案的有效性，应在确保客观性和透明性的基础上推进项目，为此从前期调查和规划方案的制订阶段起就有必要从专家和当地居民代表处收集与当地生态环境相关的信息，并充分地交换意见。此外，还应根据需要，在项目的施工过程中以及施工完成后从专家和当地居民处收集与生态优化效果相关的信息。

在进行生态优化方案的制订时，可以让有相关知识的有识之士担任咨询工作，并充分发挥他们的作用。为此，可以考虑将当地的各类技术人员、大中小学的教师、博物馆工作人员、生态保护团体的成员等登记在册，并建立联系体系，以备今后在项目的各个阶段能够向这些专业人员进行咨询。

图1-3梳理了以提升工作的实效性为目的、兼顾以上三点内容的生态优化规划机制与流程。

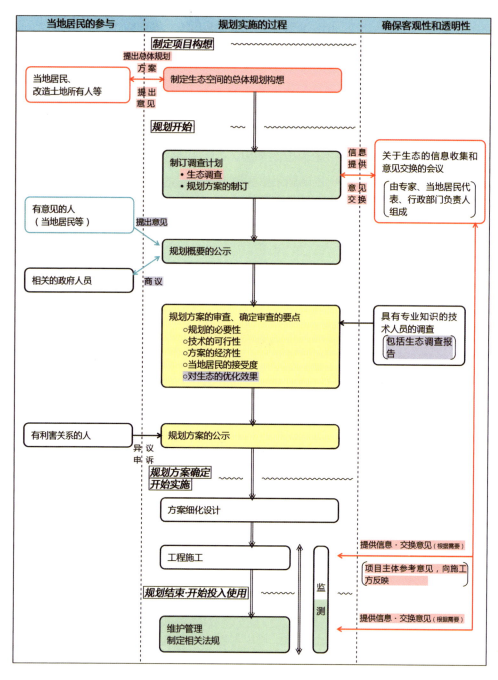

图 1-3 具有实效性的规划机制与流程示意

1.3 村镇社区生态空间优化的原则

1.3.1 生态空间的布局优化原则

生态空间优化的首要目标是保护村镇地区的生物多样性。为此，要选择当地有特点的或者有代表性的物种，以及与该物种的生息有密切关系的相关物种，确定为保护物种。在选定保护物种时，不仅要从生态系统的观点出发，还有必要考虑当地居民的意见、历史文化的持续性以及物种与当地农业生产的关系等，并考虑创造保护这些物种所需要的空间环境条件的可行性和可持续性。图1-4总结了与生态保护物种的确定相关的工作要点，相关的具体方法则将在本书下篇的9.1节中展开说明。

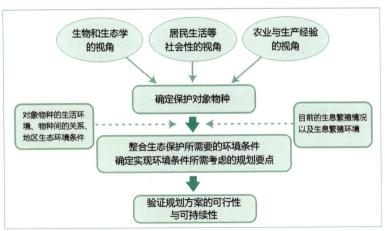

图1-4 确定生态保护物种的工作要点

在确定了保护物种的基础上，就可以基于具体物种的需求进行生态系统规划，为生物的生息提供合适的空间网络。虽然各类生物的生存环境需求各不相同，但其对其生存空间的优化可以参考国际自然保护联盟（International Union for Conservation of Nature and Natural Resources，IUCN）提出的生物生息空间的形态与布局方式六原则，即"扩大化""整体化""集中化""等距离化""连接化""圆形化"，并综合应用各项原则，形成网格化的生态空间（图1-5）。

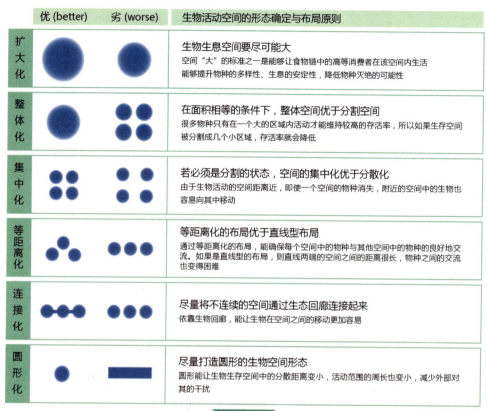

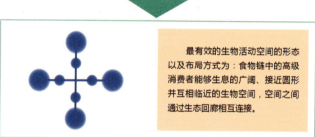

图 1-5 生态空间布局优化的 6 项原则

在遵循上述原则的基础上,在制订具体的布局和规划方案时,还应充分考虑具体的保护对象生物的生存需求,有针对性地梳理生态空间的规划对策,进而明确合理的设计条件和原则,制订具体的规划方案并落实到基础设施的结构等具体内容上。图1-6以鱼类、两栖类和鸟类为例,列举了从保护对象的环境需求出发,确定生态空间的规划对策,并转化为具体的设计条件,指导基础设施规划设计的流程和内容。

1 村镇社区生态优化的总体目标、原则与内容

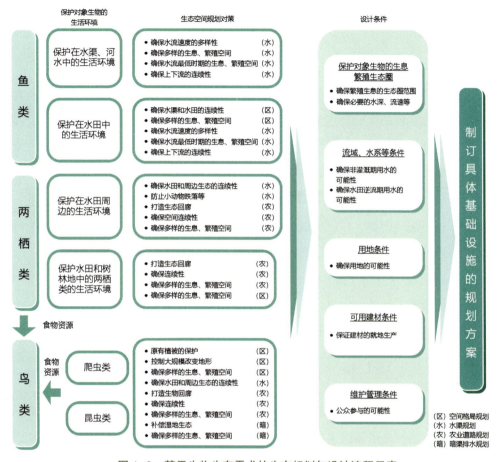

图 1-6 基于生物生存需求的生态规划与设计流程示意

1.3.2 生态规划方案的制订原则

美国是最早对环境保护进行立法的国家,其历史已经有80余年,与生态规划相关的法律体系和对相关规划方法的应用指导较为系统和完备。其中,1969年开始实施的《国家环境政策法》(the National Environmental Policy Act,NEPA)短小精炼,却在保护环境的战略思想方面有深远影响,是在世界各国都得到重视和参考的一部总体环境法。基于NEPA,美国环境质量委员会(CEQ)对生态空间的规划管控措施进行了进一步指导。相关文件和其他各国对其的分析和应用案例,为进行生态空间的具体规划方案制订提供了5项可参考的原则:

1. 回避原则(avoidance)

通过对建设等行为的规避,避免不良影响,达到保护生态的目的。例如在

环境良好的森林、水系周边通过规划生态保障基线回避建设，以避免对环境的破坏。

2. 最小化原则（minimization）

限制建设等行为的规模，将其对生态空间的影响最小化。例如在水边进行建设时，通过有目的性的规划加入生物可以栖息的自然石、木构造的防护河岸，减轻对生态环境的影响。

3. 修正原则（rectification）

对已经受到建设等行为影响的生态空间，通过修复和恢复性的规划措施，修正不良影响。例如，在已形成断层的林地、水系等生态空间中新增联系性的绿道、水道，为生物的移动、繁衍和生态环境的恢复提供可能。

4. 减轻/去除原则（reduction/elimination）

在建设等行为的实施过程中，通过必要的保护性和维护性措施，让建设行为的影响能随时间流逝逐步得到减轻，直至去除。例如，在重要建设难以完全保护当地生态环境的情况下，将重要的动植物暂时捕获并移至别处，直至建设完成后再进行回迁。

5. 代偿原则（compensation）

通过置换和提供新的生态空间，供给和补偿被占用的生态资源和空间，从而代偿生态环境受到的影响。例如在建设用地之外新建具备同样的生物多样栖息可能性的湿地等生态空间，保障生态环境整体不受影响。

如图1-7所示，在考虑上述5项原则时，应注意其应用的先后次序。首先，应考虑如何"避免"工程项目施工给环境带来影响，在难以避免影响的情况下再探讨如何将"影响最小化""采取修复措施""减缓或消除影响"。其次，在依然难以缓解工程给环境带来的重大影响时，则探讨替代的补偿方案。而在进行原则的应用时，还应根据生态优化规划的目的和维护管理的可行性确定合适的方案——即在最初制订方案时，就要基于环境调查结果分析方案对生态环境与空间的影响，同时也要考虑方案的成本以及维护管理的便利性。

1 村镇社区生态优化的总体目标、原则与内容

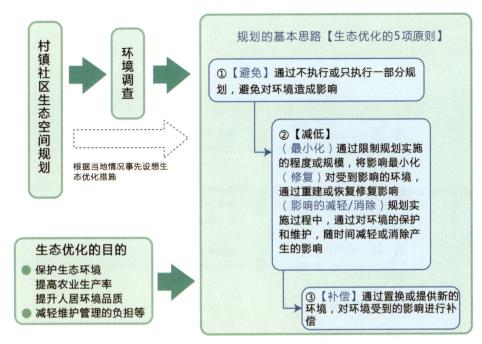

图 1-7　生态优化规划方案制订的 5 项原则

遵循上述的"避免"→"最小化、修复、影响的减轻或消除"→"补偿"这一优先级顺序，并结合当地的生态环境资源灵活地使用相关原则，就可以全方位、持续地保护当地的各类物种，提升其生存和生长环境的质量。图1-8梳理了一些在村镇社区生态规划中应用相关原则的案例。

同时，这些原则的应用也不仅限于生态规划的总体方案制订，在进行具体基础设施等的设计时，也应考虑在不影响农业生产的同时，尽量避免或减少对农村的次生自然环境以及景观造成的负担和影响，或是根据实际情况恢复规划对环境的影响、创造更加良好的生态环境。图1-9中以水渠为例，列举了应用不同原则进行农业基础设施优化，以达到平衡农业生产效率和减少环境影响的方法与实效。

生态优化5项原则		
	避 免 (avoidance) 通过不执行，或只执行一部分规划，避免对环境造成影响	泉水的保护 泉水的生态环境条件良好，并为生物繁殖的场所，因此尽量保持现状
	最小化 (minimization) 通过限制行为实施的程度或规模，将影响最小化	考虑生态影响的水渠 使用水畔生物可以生息的自然石及自然木作为护岸材料，将影响最小化
	修 复 (rectification) 对受到影响的环境，通过重建或恢复，修复影响	设置鱼道 通过设置鱼道修复因水道高差导致的水渠网被切断的情况
	影响的减轻/消除 (reduction/elimination) 行为过程中通过对环境的保护和维护，随时间减轻或消除产生的影响	暂时的移动 若环境保护确实困难，可暂时将生物捕获后，移至他处，待完工后回迁，降低影响
	补 偿 (compensation) 通过置换或提供新的环境，对环境受到的影响进行补偿	设置补偿设施 将多样生物生息的湿地等迁至施工区域外，并确保相同的环境

最小化（对生态系统友好的灌溉渠）

减轻影响（在施工前暂时移走鱼类）

图1-8 村镇社区中的生态优化规划原则应用示例

1 村镇社区生态优化的总体目标、原则与内容

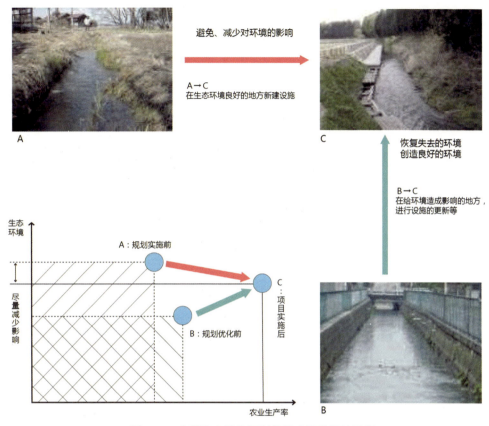

图1-9 应用生态优化原则的基础设施设计示例

1.4 村镇社区生态空间优化的内容

1.4.1 基于生态服务功能的优化内容

目前我国的生态空间规划较为强调生态用地的类型,对空间承载的生态服务功能的关注相对较少。为了促进生态空间与"三生"环境的融合,面向未来的生态优化中应该将调节服务、支持服务、文化服务和供给服务等多样化的生态服务功能都纳入优化的内容范围,并进行分类讨论。图1-10中梳理了面向不同生态服务功能的村镇社区生态空间优化的可能内容。

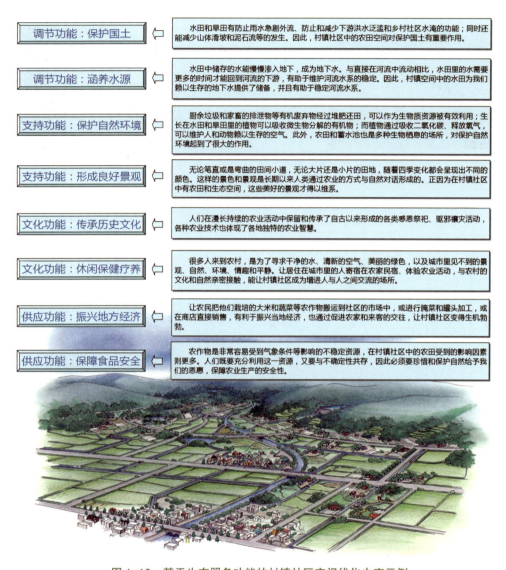

图1-10 基于生态服务功能的村镇社区空间优化内容示例

1.4.2 面向各类生态空间的优化内容

在综合考虑各类生态服务功能的基础上，生态空间的优化还应考虑农业从业人员和一般当地居民等各方的意愿，就方案的安全性、经济性以及维护管理的便利性做充分的研讨，进而根据当地的环境条件将各类优化措施与不同的生态空间进行匹配，形成针对具体地区情况的各类型生态空间的优化规划内容。图1-11列举了常见的村镇社区空间形态及相关的生态功能与格局优化内容构成。

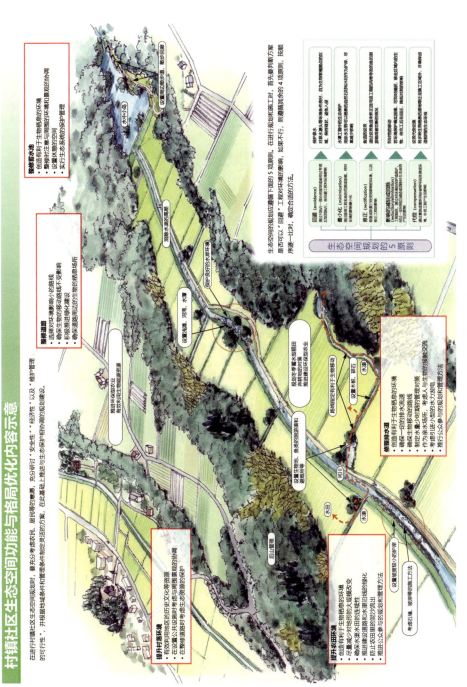

图 1-11 各类型生态空间的优化规划内容示例

2 村镇社区规划各阶段中的生态空间优化策略

为提升村镇社区生态空间优化规划的质量和方案的可行性，需要在前期调查、规划方案制订、基础设施设计等项目的各个阶段都进行针对生态环境的专题研讨。而为了确保工作的客观性和透明性，还应在充分考虑地区民意的基础上推行生态规划理念，为此在项目的各个阶段也都要积极地推动公众参与。对于与公共参与的具体策略，在第5章还将做专题探讨，而在每个规划阶段的生态空间优化策略的具体实施方法和技术则将在本书的下篇逐一进行探讨，本章将先对各规划阶段中的生态空间优化的工作要点进行梳理。

2.1 前期调查阶段的生态信息收集

为了了解采取哪些措施才能尽量减轻规划项目对所在地区及其周边区域的影响，需要进行一些必要的前期调查。在调查中既需要考虑规划中可能要更新和新建哪些基础设施，也需要考虑目前的农业活动以及当地居民的生活对自然生态环境起着怎样的作用、有怎样的影响等问题。而在考虑生态环境中的生物要素时，还要考虑生物在生长繁殖的全过程中的空间需求、生物种群移动的空间需求、各种基础设施和农业生产对生物的干扰方式、生态系统随时间的变化等问题。

而为了创造理想的地区生态环境、准确有效地制订生态空间的优化方案，就要根据当地的特点以及项目的特征开展调查，选择并确定合适的生态调查项目，并充分分析整理调查中收集到的信息,从而在项目的早期就大致确定合理的生态空间优化方向和策略。

2.1.1 生态信息调查的方法与体制

选择合适的调查方法不仅能提高调查的效率,而对于评估规划对生态环境的影响以及后期制定合适的生态优化策略和措施也非常重要。因此,应事先就调查方法进行充分的研讨。对于调查项目的内容选取,则可依据第1章中的生态优化原则,结合当地的情况与需求来进行(图2-1)。

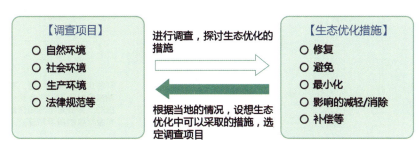

图2-1 基于生态优化原则的调查项目选取

同时,决定调查的方法时还应尽量听取环境专家的指导和建议(图2-2)。根据需要,也可以组织生态信息研讨会来交换意见,明确调查要回应上位规划的哪部分内容,并通过当地居民的意见反馈深入了解调查项目中哪些部分比较重要、哪些部分未知信息较多,从而有针对性地制订调查计划。

此外还需要注意的是,过去的生态环境调查通常以土木、水利等工程学的视角为出发点,在此基础上加上环保的视角来考虑生态优化规划应有的作用,优化的目的在于高效地解决维护管理等的需求。而面向未来的生态优化策略则应该从两个新的视角来考虑问题——一是从生态空间的角度考虑生物的生息需要怎样的条件;二是考虑空间的优化能在何种程度上满足这些条件(图2-3)。优化的目的则倾向于在保护生物的同时,建立一种社区公众参与的规划与管理机制,形成可持续的优化效果。

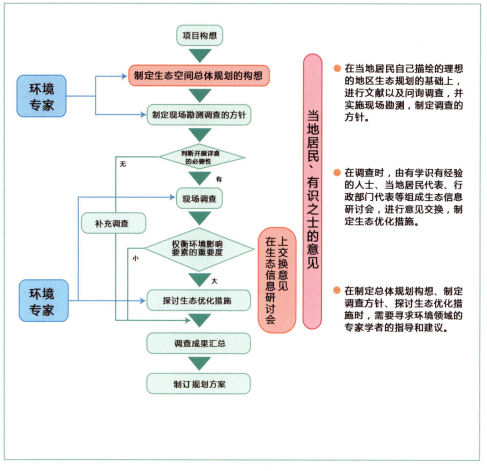

图 2-2 调查方案制订中的意见听取流程示意

2 村镇社区规划各阶段中的生态空间优化策略

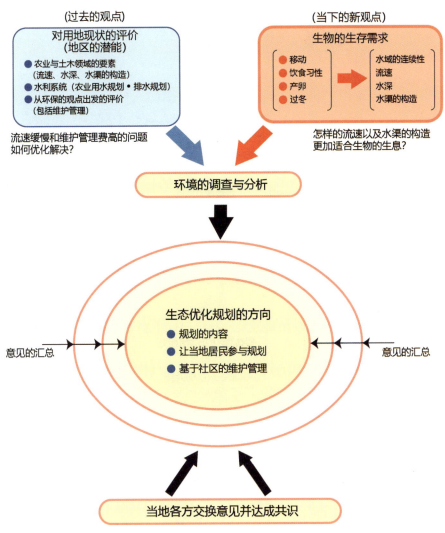

图 2-3 面向未来的生态优化规划视角与方向

2.1.2 生态信息调查的流程与内容

调查的实施可以参考图2-4中的流程，首先，进行由文献调查和问询调查组成的事前调查，决定现场调查的方案；其次，在现场调查完成后，则可组织由有生态环境工作经验的人、地区居民代表、农业从业人员等各方构成的意见交流会，检验调查结果，并在修正结果后对调查发现进行公示。在充分调查的基础上，再分析并制定生态优化的目标、开展规划和设计。

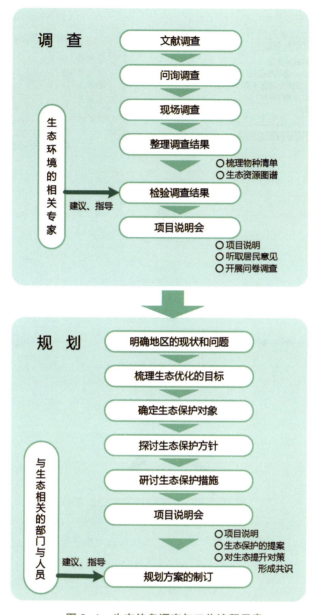

图 2-4　生态信息调查与工作流程示意

如上所述，生态信息的调查可以分为事先的文献与问询调查以及现场调查两部分。在汇总文献资料时应尽可能完整地收集现有的学术文献和各地政府已出台的与生态环境保护相关的上位规划。在进行动植物调查时则应在现场调查之前先对现有的动植物数据资料进行收集，也可以先向有关专家或熟悉当地动植物的人开展问询调查。通过问询调查可以收集到相关地区珍稀动植物的生息繁殖情况、冬季水渠是否有水等细节问题，以及当地的动植物保护现状等信息。图2-5汇总了开展生态信息调查的流程与内容。

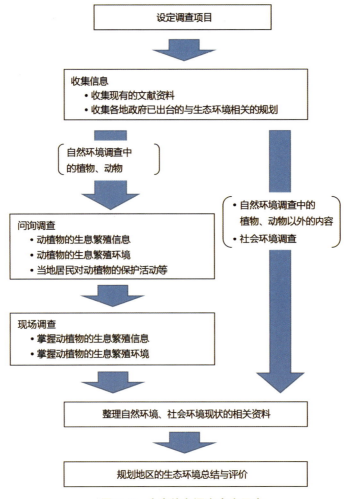

图 2-5 生态信息调查内容示意

如此基于事前调查的结果再进行现场调查，可以进一步明确重要动植物的生息繁殖信息和空间分布情况。综合两种调查的结果，就能对规划地区的自然环境及社会环境的现状进行综合分析，总结并评价该地区的生态环境。此外，如果在规划的设计和施工阶段确认到有新物种的生息繁殖信息，或者当地新出现了与生态规划相关的新的重要条件，则可能要根据需要，重新回到早期阶段的调查环节，从生态优化规划的根本依据出发，再次进行调查和讨论，灵活应对情况的变化。

自然环境调查与社会环境的常见调查内容可参考表2-1。

表2-1 常见自然与社会环境调查内容

调查项目	调查内容
自然环境调查	
（1）气象	气温 降水量 积雪等
（2）地形·地质	地形：参考地势图或地形图 地质：参考地质图等
（3）水文环境	水资源总体情况 河流、水渠、湖沼等的分布情况
（4）植物	植物群落的物种和分布：参考现有的植被图等 珍稀植物以及植物群落的分布情况
（5）动物	野生动物·珍稀动物的生存情况
（6）景观	地形、土地利用方面的特征 有代表性的景观照片
社会环境调查	
（1）生态保护区域	国家公园、地区公园等
（2）地区基本指标	所在位置及地势 人口及家庭户数 产业结构 农业的现状及动向
（3）观光娱乐	主要的观光娱乐资源、设施的位置及功能
（4）土地规划利用	土地利用的现状图等
（5）相关规划	与环境相关的工程计划等内容及施工进展情况
（6）历史·文化	当地的历史、文化 文化遗产、历史古迹的所在位置及概要

2.2 生态空间总体优化方案的制订

为了确保生态空间优化规划的合理性，在调查的基础上，也不可马上针对地区中的某个区域制订优化方案，而应先制定整个地区的生态空间基本优化方针，在此基础上再对各个区域的优化策略进行联动考虑。图2-6列举了村镇社区生态空间的整体优化内容意向。

2 村镇社区规划各阶段中的生态空间优化策略

图 2-6 地区整体生态优化意向

2.2.1 生态创造区域与生态优化区域的划分

在制定了整体优化方针的基础上，根据日本、德国等国的经验，可将规划的目标地区划分为"生态环境创造区域"和"生态环境优化区域"两个部分，对创造区采取强化的生态优化措施，同时兼顾优化区的生态保护需求，以形成整体但有重点的优化方案。图2-7中整理了"生态创造区域"和"生态优化区域"的概念和可能包含的规划内容。

在划定两种区域时，要梳理两者制定各自的生态优化策略时需要考虑的要素，并明确划定区域的思路。

1. 划定生态创造区域和生态优化区域的思路

应基于上述地区生态优化基本方针以及当地动植物的生息繁殖情况，梳理整个规划地区中生态创造区域与生态优化区域的划分思路。例如在调查中了解到有珍稀动植物存在，就可以根据掌握的生息范围确定生态创造区域的位置，并根据实际情况制定生态优化策略。

如此明确了划定区域的思路之后，就可以逐个确定生态创造区域的具体位置，分别整理各部分的生态环境详细情况、划定为生态创造区的理由、生态优化的需求等。对于生态优化区域，也应梳理其生态环境的概况和生态环境的优化需求。基于以上结果，就可以整理并制作两种区域的划分图示。

图2-7 "生态创造区域"和"生态优化区域"的概念和内容示意

2. 生态创造区域的划定

所谓"生态创造区域"，就是要在该区域创设出人与自然共生共栖的环境，除了"生态优化区域"所包含的优化内容，在创造区还应着重考虑保护生物多样性、保护濒危物种的生存生长环境、创造良好的景观等生态优化措施。

在划定生态创造区域时可纳入考虑的区域环境（生态系统、景观等）要素及区域划定的方法整理如下。

（1）确定生态环境要素（选择划定对象）

① 生态系统要素

a. 长期保有生物多样性的场所（多样性）

池塘、水渠以及周边农地里常见的各种生物共同生存和生长的环境可以划入生态创造区域。

b. 珍稀生物生存和生长的场所（稀有性）

被列入《国际自然保护联盟濒危物种红色名录》或《国家重点保护野生动物名录》等的濒危和保护物种，以及地区内数量较为稀少的生物的生存生长场所可以划入生态创造区域。

c. 体现当地环境特色的场所（特殊性）

泉水的发源地等特殊的地区环境及其周边的物种生存生长的场所可以划入生态创造区域。

d. 地区象征性的生物的生存和生长的场所（象征性）

大型鸟类等位于生态链顶端的物种，以及鱼类等和当地饮食文化密切相关的物种等，常被当作地区的象征性物种，它们的生存和生长场所可以划入生态创造区域。

② 景观保护要素

e. 拥有优越的村镇景观的场所（观赏性）

村镇中的农业生产、人类的生活方式、当地的历史文化互相协调，常形成独特的景观，对于特别能体现地方特色景观的区域，可以划定为生态创造区域。

（2）确定划定范围

在划定生态创造区域时，除了从生态系统保护、景观保护等视角出发选择需要特别关注的环境要素和场所，还要考虑线状空间要素和点状空间要素等空间形态的关系，通过区域划定将这些线和点连接成片。其中，线状要素指水渠和河流、坡面的绿地、带状绿地以及水畔生物的生存带等。对于相互间隔的已经成片的生存空间，则可以通过用线状的空间进行连接，形成更大的片区，从而有效提高生物生存环境的多样性。

3. 生态优化区域的划定

"生态优化区域"是"生态创造区域"以外的区域，在这一区域中，主要考虑采取一定的措施以缓和规划可能对环境产生的影响。例如，在这一区域中可以对水渠的内部高差进行调整，以方便鱼类洄游等。

两种区域的划定思路和流程可参考图2-8。

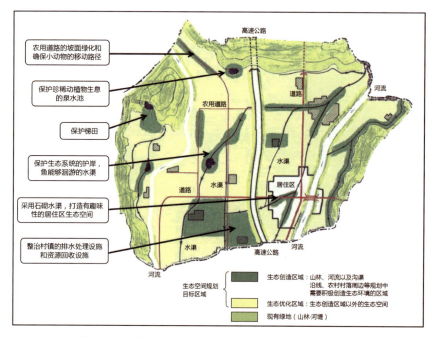

图2-8　生态创造区域与生态优化区域的划定思路示意

2.2.2 生态创造区域的生态优化内容范例

如图2-9所示，从生态系统的整体性来看，划分上述两种区域的目的是在生态创造区域内形成良好的环境，并且经由生态优化区域与相邻的生态创造区域保持连接，从而形成大范围的、稳定的生态系统网络。

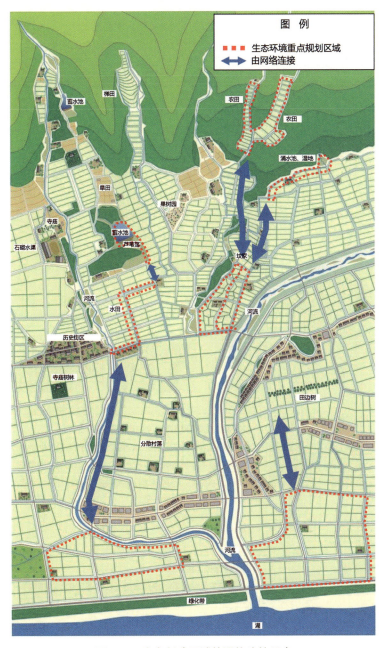

图 2-9　生态创造区域的网络连接示意

下面以图例方式总结针对生态创造区域中常见的空间类型及相关的优化内容。

1. 池塘区域

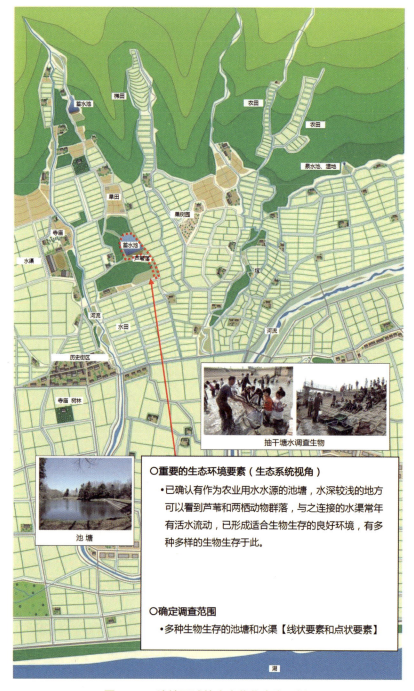

图 2-10 池塘区域的生态优化内容示例

2. 农田及周边树林

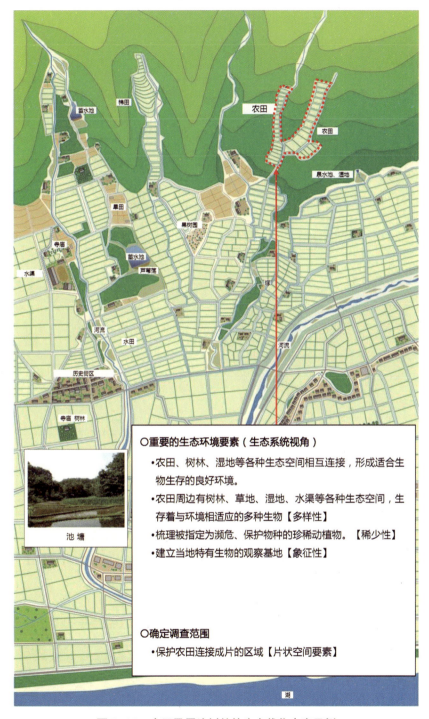

图 2-11　农田及周边树林的生态优化内容示例

3. 泉水及周边区域

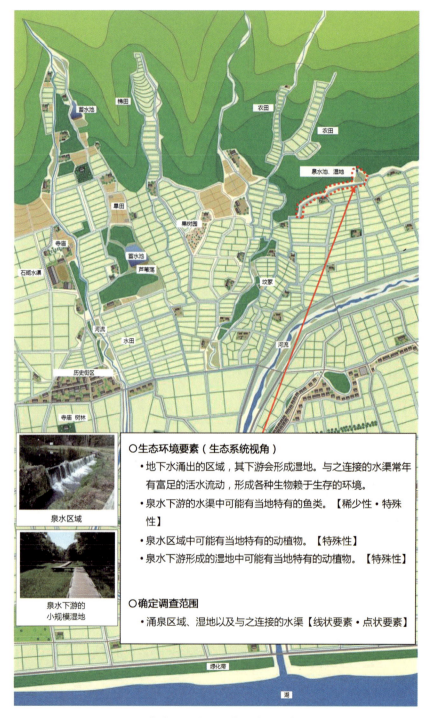

图2-12 泉水及周边区域的生态优化内容示例

4. 与河流相连的水渠

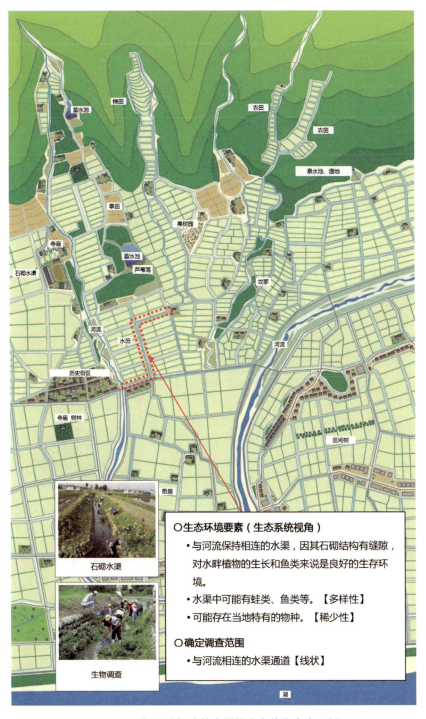

图 2-13 与河流相连的水渠的生态优化内容示例

5. 水渠与农田间区域

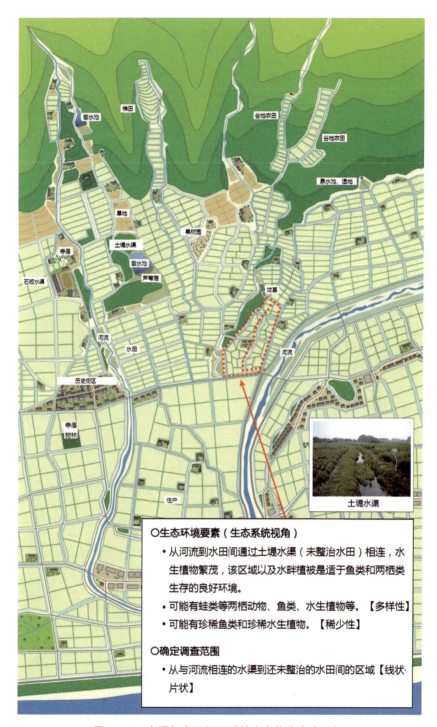

图2-14 水渠与农田间区域的生态优化内容示例

6. 地区象征性生物活动的农田地带

图 2-15 地区象征性生物活动的农田地带的生态优化内容示例

7. 拥有优质村镇景观的区域

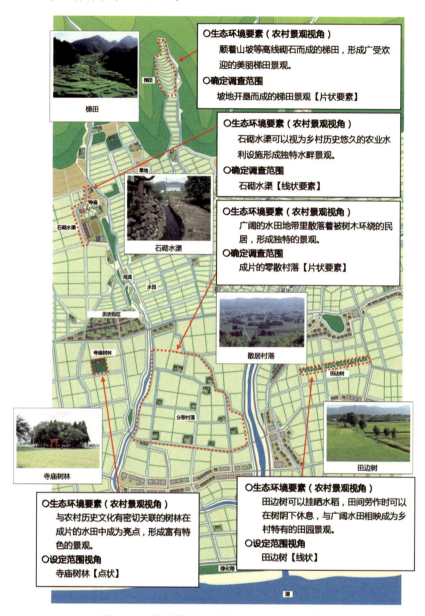

图2-16 优质景观区域的生态优化内容示例

2.3 基础设施设计的生态保护对策

在村镇社区尺度下的生态规划工作与宏观、中观的规划工作的重要区别之一是，需要将规划内容落实到具体的基础设施等公共设施的设计方案和施工方法的选择上，以确保生态优化规划的可实施性，提升方案落地的效果。为此，下文梳理了面向生态优化的基础设施设计要点，并整理了相关的范例。

2.3.1 面向生态优化的基础设施设计要点

面向生态优化的基础设施设计与施工应该在确保其使用功能的同时，兼顾设施为生物提供生息繁殖环境的功能。为了确保基础设施的这一生态功能，在设计时往往会面对与提升使用效率相矛盾的设计目标。为了根据当地的具体条件协调矛盾、进行精准的设计，应当积极听取包括农户在内的当地居民和有识之士的意见和建议，在与公众意见达成共识的基础上，进行综合性的设计方案探讨。

以水渠为例，设计方案和施工方式的选择要确保其作为农田水利基础设施的功能，例如确保能让水安全高效地从上游流往下游；同时还要考虑其生态功能，保障周边生物能有生息繁殖的环境。在具体的工作中，可以结合当地居民和有识之士的意见来进行方案比选。图2-17为以水渠为例说明生态优化设计内容和要点示例。

除了要考虑生态优化需求，基础设施的设计还要考虑方案的经济性（施工费、征地费、维护管理费等）和可行性的平衡问题。而为了促进当地居民的参与，还要设法将施工计划、设计图、示意图等通俗易懂地表示出来。为此可以考虑绘制雷达图等说明图，以方便对当地居民进行设计内容讲解和比较，并听取他们的意见。图2-18以水渠为例，对三种设计方案的特点进行了图示化说明。

此外，在充分考虑各方意见的基础上，还应当尽量根据当地的生态系统特征进行有创意的设计，并按照需要制订阶段性的施工方案。这一工作的要点之一是要顺应当地的环境，灵活地制订基础设施的设计和施工方案；其二是要一边确认生态系统的恢复状况，一边进行阶段性的施工，并根据情况及时调整方案。

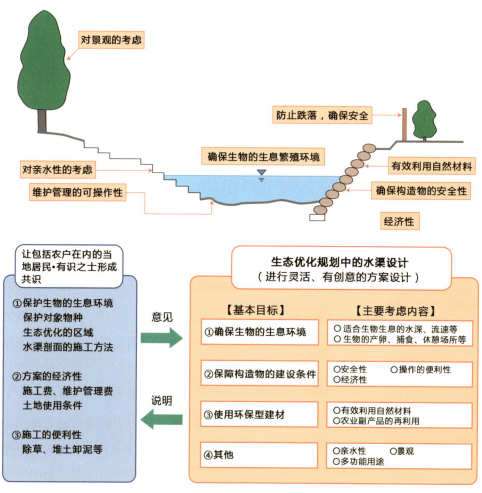

图 2-17 水渠的生态优化设计示例

2 村镇社区规划各阶段中的生态空间优化策略

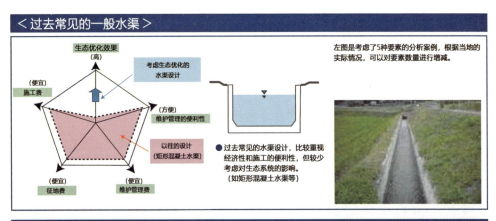

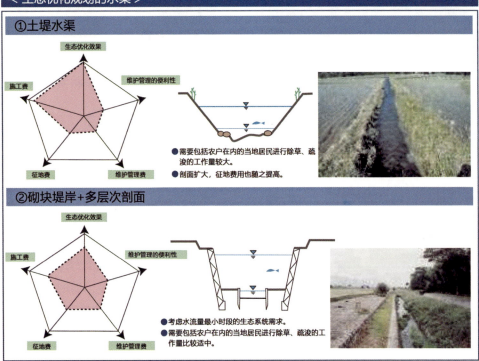

图 2-18 生态优化设计的图示化说明示例

41

2.3.2 面向生态优化的设施设计范例

如上所述，面向生态优化的规划和设计需要考虑两个问题：一是从生态角度考虑生物需要怎样的生息和活动条件，二是规划的空间和基础设施如何能满足上述条件。具体而言，在选择基础设施的设计方案和施工方法时，要明确相关的设施和周边空间在生态系统中承担的作为生物栖息基地或是移动路径的作用，在此基础上设定生态优化目标，进行具体设计。

图2-19以水渠为例，整理了考虑生物活动需求的可能的设计内容。

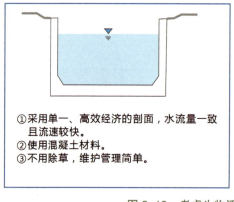
①采用单一、高效经济的剖面，水流量一致且流速较快。
②使用混凝土材料。
③不用除草，维护管理简单。

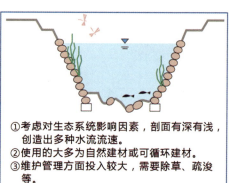
①考虑对生态系统影响因素，剖面有深有浅，创造出多种水流流速。
②使用的大多为自然建材或可循环建材。
③维护管理方面投入较大，需要除草、疏浚等。

图2-19 考虑生物活动需求的水渠设计内容

由于水池、水渠和其周边空间通常生物多样性尤为丰富，施工方法的选择应考虑具体物种的活动需求，提供多样化的生态环境。图2-20示意了满足不同物种活动需求的水渠功能设计要点和相应的构造与形式选择要点。

目标	功能示例	施工范例
确保生物生息环境 （生态水渠）	•通过添加一些建筑结构来调节水流速度并加深水深 •确保生物有可以躲藏的空间 •确保能供生物产卵等使用的多样的水底堆积物环境及植物生存环境	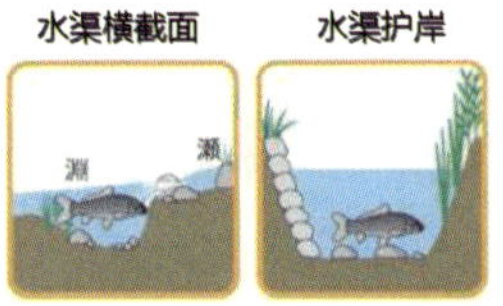 水渠横截面 / 水渠护岸
确保生物生息环境 （生态水池·群落环境）	•确保多种生物能生存的各种水深 •确保能供生物产卵等用的多样的植物生存环境 •确保生物有可以躲藏的空间	 池塘护岸 / 修筑池塘、开挖水渠和沼泽
确保生物移动路径 （鱼群通道）	•通过设置小台阶来消除大的水流落差 •通过减缓坡度来减缓水流速度	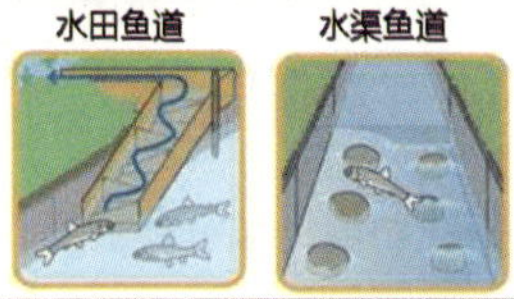 水田鱼道 / 水渠鱼道
确保生物移动路径 （生态水渠）	•通过改变水渠的宽度深度来减缓水流速度 •通过添加一些建筑结构来调节水流速度并加深水深 •为了使生物可以爬坡而减缓坡度	 水渠护岸 / 其他（加盖）
确保生物移动路径 （生态水池·群落环境）	•确保水域和陆地间的移动连续性	 池塘护岸 / 修筑池塘、开挖水渠和沼泽 其他（用表土覆盖和人工栽植恢复原有植被）

图 2-20 满足多物种活动需求的水渠设计示例

此外，对于同一设施，也可考虑其在不同区域内的功能差异，进行分段的施工方式选择。图2-21同样以水渠为例，示意了如何根据周边的生物生息状况和土地使用情况的不同，将其划分成不同区间，并确定与每个区间的生态优化目标相适应的剖面设计与施工方法。

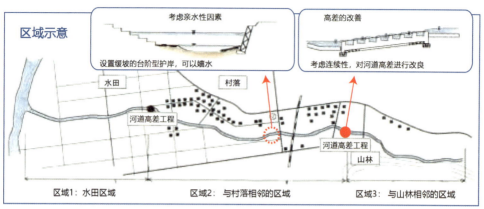

图 2-21 考虑分段生态优化需求的水渠设计示例

2.4 小　　结

综上所述，对于生态优化的考虑，应贯穿村镇社区规划中前期调查、总体规划方案制订、基础设施设计的各个阶段。在整个规划过程中，都要根据当地的自然环境特点，以保护生态系统和改善空间环境为目的，确定生态优化的内容和对象区域，探讨生态优化相关措施。为此，有必要通过前期调查，全面了解当地的生态信息，掌握规划区域及其周边的生物生息繁殖状况、生态系统的特征、生态与农业生产活动的关系、景观特点等情况。在制订总体规划方案时，则要依据环境调查结果，尽量使多方主体能就生态优化的目标达成共识。而在进行基础设施的设计和施工方案的选取时，既要满足设施本身的使用功能，还应使其具备保障生物生息繁殖环境的生态功能。本章梳理了面向村镇社区生态空间规划各阶段的工作要点及相关方法，以为提升相关工作的精细化程度提供指导和参考。

3 微观尺度下的村镇社区生态优化规划策略

3.1 村镇社区规划理论与方法

在各国的城镇化建设过程中,乡村地区由于基础条件薄弱,发展都有一定的滞后性,我国也是如此。但伴随我国的城镇化建设进入转型期,乡村的发展也进入了日新月异的新时代。其中,村镇社区的建设由于在较小的区域内浓缩了对乡村产业转型、提高人居环境品质以及保护环境的多重预期而具有更高的复杂性,近年来也出现了一些对于村镇社区规划理论与方法的研究。

在理论研究方面,颜文涛等从韧性视角出发,评析了全球化和城市化进程带来的乡村消费化现象,以及乡村空间的资本化和异化,进而分析了绅士化和草根化的两种乡村复兴模式,并认为草根化模式比绅士化更具韧性和可持续发展的能力[1]。闫琳等借鉴我国台湾地区"社区营造"理念及行动方法,提出了"驻地工作深入沟通、挖掘村庄特色价值、构建多方协商平台、加强项目实施行动、培育基层发展能力、形成上下互促发展"的村镇社区规划思路[2]。张琳等则指出目前我国村镇社区中传统的公共空间衰落、缺失,制约了乡村社会文化的建设和发展。为此,应主动营造形式多样的乡村公共文化空间,让规划不仅关注物质环境建设,也关注人的发展,通过经济产业、社会文化和物质空间的良好互动实现新农村建设目标[3]。

此外,也有一些对村镇社区规划中的具体问题的研究。例如,刘勇等针对我国历史文化村落中存在的历史建筑被拆除或废弃、传统风貌受到侵蚀等问题,提出了基于"社区营造"视角、从"人文地景产"五个方面出发的村庄保护规划方法[4]。刘冲通过比较传统农业与农业产业化主导下的村镇生活与生产空间的需求与结构，提出面向农村产业转型的新型农村社区空间规划策略[5]。赵卿等以村民的需求为出发点，探讨了结合经济、文化、空间和社会角度的基于"社区单元"系统的乡村规划编制方法[6]。倪书雯则基于空间句法，分析了基于社会关系体系的农村社区公共空间特征[7]。罗思夕等分析了基于整体搬迁、旧村改造、城镇吸纳、村庄合并、强村升级等方法的"多村一社区"模式促进村镇社区公共空间发展的可能性[8]。周游等分析了位于城市规划区的特殊乡村面临的困境，提出了结合城市绿地保留村落景观格局，并兼顾其文化价值的"综合社区"规划方法[9]。

以上研究为进行新时代的村镇社区规划提供了理论和方法参考。但同时，目前的研究对于空间规划中的生产与生活关系的探讨较多，对于规划中的另一个重点——生态问题则少有涉及。在各国的当代村镇社区发展中，虽然进程各不相同，但最终目标都是保护生态、尊重自然、延续文化等[10]。对我国而言，关注村镇社区中的生态空间规划也是实现乡村整体的生态文明改革和乡村振兴中的重要环节。

此外，目前对于村镇社区规划的研究以规划理论研究居多，对具体的规划方法和策略的讨论较少。对于宏观尺度的地域级别的乡村规划，目前已经有基于GIS数据分析的成熟方法。但在以村镇社区为代表的上至中观尺度，下至微观尺度的地区、地点级别的研究中（图3-1），对于生态空间的规划方针制定需要考虑居民的感知、空间的具体形态、对不同生物栖息环境的保护等更精细化的内容，相应的规划方法与措施的制定则要考虑后期施工和维护的可落地性和便利性，因此不可照搬宏观规划方法，而应做专题讨论。

为此，本章以乡村社区中的生态空间为对象，结合我国的现状问题，对多国相关规划经验和管理政策进行了梳理，以探讨有利于提升乡村社区生态环境品质、促进乡村社区可持续发展的规划方针与具体策略，为拓展乡村社区规划工作的思路、丰富相关规划方法提供参考。

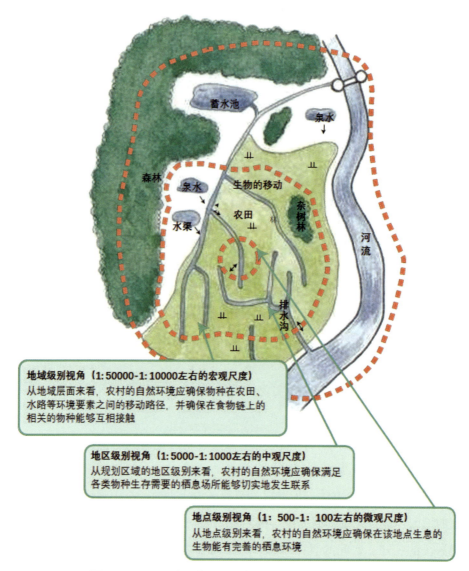

图 3-1 不同尺度下的乡村生态空间规划的视角差异示意

3.2 村镇社区中的生态空间构成与优化方针

3.2.1 村镇社区中的生态空间构成

生态空间的规划首先应在考虑区域间连续性的同时，明确不同类型区域的空间优化方向。在农村地区，与社区相关的生态空间通常包含了作为社区背景的"后山"空间，作为前景的"农田"和"村落"中的自然空间，以及穿插其间的

3 微观尺度下的村镇社区生态优化规划策略

河流、蓄水池等滨水空间。因此,下文将村镇社区的主要生态空间划分为"滨水区域""农田区域""后山区域""村落区域"四部分,并依据其各自肩负的生态服务功能,分别梳理了生态优化的方针。但规划的最终目的,还是要将这些多样的生态空间有机地结合起来,形成孕育多种生物的生态系统,以及能够体现当地特色、富于四季变化的农村景观。

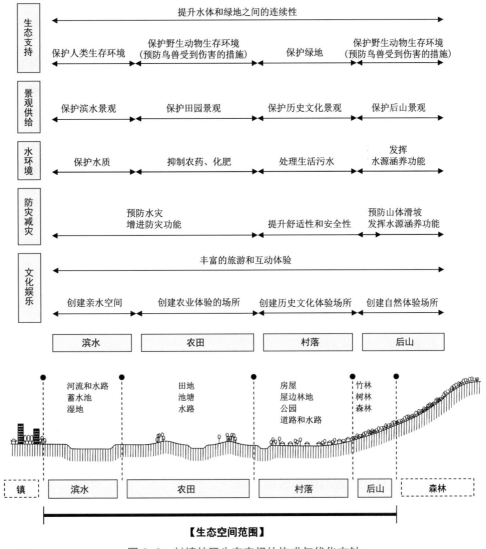

图 3-2 村镇社区生态空间的构成与优化方针

3.2.2 村镇社区生态空间的优化方针

1. 滨水区域的优化方针

河流、蓄水池、水渠等水体空间的优化方针既在于创造稳定的农业用水来源，也在于营造具有良好抗灾防灾能力的安全放心的滨水环境。同时，还应根据各地区的特点，保护和创造有利于各种动植物生息的自然环境和美丽的滨水景观。特别是对于距离村落中心较近的蓄水池和河流，要将其作为社区的休闲娱乐场所加以利用。

2. 农田区域的优化方针

一方面，对于整片的优良农田，有必要推进现代化更新——在考虑与周边环境协调性的同时，构建与未来的农业经营体制相适应的农田空间。另一方面，对于闲置的农地等空间，可以灵活变更用途，例如用作栽培景观植物以及农业体验的场所等。特别是对于自然环境丰富、历史悠久的农田，应尽量将其开发为学习自然、体验历史的场所。此外，社区中心周边的农田本身就是珍贵的绿地和开放空间，应与周边用地的功能进行协调，尽量保留或将其用于农业体验。

3. 后山区域的优化方针

应加强保护后山的自然环境与文化环境，形成富有特色的自然历史景观，同时努力增加让人们接触这一具有地区特色，融自然、历史、文化为一体的环境的机会。此外，也要通过促进居民积极参加自然体验活动，提高保护后山区域良好自然环境的共同行动意识。

4. 村落区域的优化方针

对于村落主要建设区域中散布的水体、绿地等生态空间，要尽量控制人类活动对环境的负面影响，让周边的良好生态环境能渗透到社区中心。例如在公共设施聚集的中心地区，应确保有绿化和开放空间，并结合对历史风貌等特色的保存，形成具有当地特色的村落景观。对于村落中心的小规模农田，应该努力将其塑造成历史、文化、农业的体验场所。

3.3 村镇社区中的生态空间优化策略

基于上述区域划分和优化方针，下文进一步整理了生态优化规划的具体内容与相关措施,以形成能帮助规划目标落地的策略库。

3.3.1 滨水空间的保护与改善

对村镇社区滨水空间的生态优化策略整理如表3-1所示。

表3-1 滨水空间生态优化策略

生态优化方针	生态优化目标	空间优化策略	
		相关规划内容	相关实施措施
1. 滨水环境的保护、改善和复原	（1）确保动植物的生息环境	·多样化滨水环境建设 ·鱼道、多段式落差工程建设	·制定法规对珍稀动植物进行保护 ·生态环境调查、环境监测调查 ·动植物保护的基础工作 ·制定针对外来物种的对策 ·水质整治规划 ·河道内堆积的砂土等的处理 ·防止违法丢弃垃圾的对策 ·减少对水质有污染的物品的使用 ·水质污染源监测的常态化 ·举办体验自然的学习活动 ·利用蓄水池周边建设散步道 ·蓄水池的清洁 ·防灾安全检查 ·大雨时的水位调整 ·滨水设施功能维护 ·水环境历史变迁的宣传 ·建立维护管理体制 ·蓄水池的预防性排水等措施 ·蓄水池的灾害风险预防
	（2）保护滨水景观	·水生植物管理 ·滨水景观营造	
	（3）保护水质	·下水道整治 ·提升水质净化功能	
	（4）确保维护管理的便利性	·设置台阶、坡道和防跌落栏杆	
	（5）确保亲水空间	·河流的亲水设施建设 ·蓄水池的亲水设施建设	
2. 充实生活环境	（6）确保舒适性和安全性	·老旧蓄水池改造	
3. 保护并有效利用历史、文化资源	（7）营造体验历史文化的场所	·水环境历史变迁的导览设备建设	
4. 保护、充实生产基础	（8）确保生产功能	·井堰、蓄水池、农业排水设施等的建设	
	（9）防止农田、农作物灾害	·排水设施建设	
	（10）农业设施的维护和保养	·延长井堰、蓄水池、农业排水设施的寿命	
	（11）提升防灾功能	·维护蓄水池的排水功能	

1. 确保动植物的生息环境

为了有利于植物生长和动物生息,河流、水渠、蓄水池等的护岸都应使用石头、树木、土等自然材料。即使使用混凝土块，也要确保在材质及形状上接近自然形态。此外，应通过整治和种植滨水植物、缓坡护岸等，形成坡度平缓的水岸环境，方便野生动物的活动。

河流水渠等的流路应尽量避免直线，通过剖面上的宽度、深度等设置，以及放置石块、木桩等方法，形成浅滩和水潭，使水流变化平缓，确保生息环境的多样性。因为井堰和水位落差等会阻断水生生物的活动路线，应通过建设多段式落差的鱼道等工程来确保水位变化的连续性。此外，还要注意水系流线不会阻断陆生小动物的移动路线。

2. 保护滨水景观

在滨水空间保持日常除草等管理措施，对堤岸的坡面进行绿化，及时去除杂草和垃圾，营造清洁美丽的社区滨水空间。护岸应使用石、木、土等自然材料，即使使用混凝土砌块，也要在材质、形状、颜色上下功夫，使其与周边景观相协调。此外，应顺应水系形态，研究与周边其他用地相融合的滨水空间形态。

3. 保护水质

加强对公共水域的污水源监控的同时，通过整治下水道防止污水外溢，并防止施工产生的污水外流污染社区环境。在需要改善水质的地区，通过选择合适的护岸、河床、水渠的材质，确保滨水空间的面材具有多孔性，以利滨水植物的生长。在水渠中，要保证全年都有一定的流水量，避免因水长时间滞留导致水质污染和恶臭，防止发生虫害。

4. 确保维护管理的便利性

为了让社区居民等能方便地开展管理，应尽量采用简单易行的维护管理方法以减少相关费用。同时也要注意安全措施，谨防人员在维护管理操作中发生危险。

5. 确保亲水空间

对于河流和蓄水池，在考虑安全的同时，要修建滨水散步道和凉亭等休憩设施，并采用坡度缓和的护岸或台阶式护岸以提高亲水性。有条件的地方应尽量确保滨水用地有足够空间打造水流缓慢的浅滩环境，让人们能够进入河中安全游玩。

6. 确保舒适性和安全性

在防范集中性暴雨等灾害的同时，努力防止水难事故的发生。为此，要完善滨水空间周边环境，建设防跌落栏杆等设施。此外，还要定期举行防灾宣传活动，内容应包括对蓄水池等农业水利设施导致的灾害和水难事故的预防宣传等。

7. 营造体验历史文化的场所

在蓄水池等体现了当地土地改良历史的设施周边，可以设置导览设施，形成农业历史文化的体验场所。此外，应完善历史文化体验场所的连续性，如修建串联相关场所的散步道，形成贯穿社区的历史文化资源网络等。

8. 确保生产功能

农业用水是农业生产的基础，为了能够进行稳定的农业生产，农业水利设施是不可缺少的。在改建井堰、蓄水池的同时，还要有计划地推进水沟水渠的修缮和管理。在修缮时，要考虑对人力依赖较少的除草和疏浚方法，提高设施管理的现代化水平。

9. 防止农田、农作物灾害

在蓄水池或水渠等处，通过整治老旧蓄水池、加建排水泵等措施，防止自然灾害可能对社区造成的损失。

10. 农业设施的维护和保养

供水和排水等农业设施除了是农业生产基础外，还发挥着涵养地下水和减少水灾等与生活密切相关的多种功能，是重要的社会资产，需要定期进行维护保养。因此，对于老化的设施，要通过功能诊断和有计划地更新完善，尽量延长设施的使用寿命。此外还要促进社区居民对农业设施的认识，建立社区共同参与的维护管理机制。例如在农闲期可以抽出蓄水池的水，除去沉积的淤泥和泥沙，以改善水质并驱除外来生物。

11. 提升防灾功能

有效利用蓄水池的蓄水作用，加强其在防灾方面的功能。如通过事前放流确保洪水来临时的可储水容量、利用蓄水作为社区火灾时的应急用水等。

3.3.2 农田空间的保护与更新

对村镇社区农田空间的生态优化策略整理如表3-2所示。

表 3-2　农田空间生态优化策略

生态优化方针	生态优化目标	空间优化策略	
		相关规划内容	相关实施措施
1. 农田的保护与有效使用	（1）确保动植物的生息环境	·在考虑动植物生息环境的基础上制订规划方案	·对动植物的保护和管理 ·打造生物生息空间 ·生态环境调查、文化遗产调查、监测调查 ·开展绿色农业 ·景观植物的栽种 ·土地改良史的宣传 ·建设社区经营型农业，开展维持管理活动 ·有效利用闲置农田 ·开展自然体验活动 ·开展农业体验活动 ·举办学习活动 ·促进稻田水坝的建设
	（2）保护和创建田园景观	·在道路沿线栽种植物	
	（3）营造体验自然的场所	·建设学习了解自然的设施	
	（4）与野生鸟兽的共生	·设置防止入侵的护栏	
2. 打造村落周边绿地空间	（5）确保绿地空间	·推进有序的土地使用 ·在农田周边栽种植物	
3. 保护并有效利用历史、文化资源	（6）创造历史文化的体验场所	·建设历史文化散步道	
4. 保护并充实生产基础	（7）确保生产功能	·建设与环境协调的生产基础设施	
	（8）加强防灾功能	·田埂的加高加固	
5. 打造通过农业进行交流的场所	（9）打造开展农业体验和健康饮食教育的场所	·建设农业体验设施	

1. 确保动植物的生息环境

在乡村进行农田及道路的修整时，会大幅改变目前的自然环境，因此要积极制定对策，减少建设对环境的影响。减少对环境影响的方法应遵从"避免""最小化""修复""减轻与消除""补偿"五项原则。如前所述，原则具有顺序性，首先应在规划方案的制订阶段尽量"避免"对自然环境的改变，在不可能避免的情况下，再讨论"最小化""修复""减轻与消除"影响的可能性；针对难以消除影响的情况，则应在别处新设生态空间以形成"补偿"。基于这些原则，可结合地区特点确定建设与环境的协调方法，确保动植物生息环境的多样性。

2. 保护和创建田园景观

通过在农田与道路的交界处沿线种植植物或景观作物，营造连续的村镇社区田园景观。

3. 营造体验自然的场所

在确保生物生息空间的同时，将社区中不以生产为主要目的的农田打造为体验自然、学习自然的场所。除了规划空间，也要建立以当地居民为主体的空间整治后的使用和管理体制。

4. 与野生鸟兽的共生

推进安装防止鸟兽入侵的护栏的工作，对于带电的护栏，还应建立相应的安全对策。

5. 确保绿地空间

社区内部的小型农田同时也是绿地，作为宝贵的开放空间，既可以塑造社区景观，也可以调节微气候，应尽量保护。例如对相应的农地周围进行绿化植物栽种，加强其作为绿地的作用；在绿植的选择方面，积极使用当地特色的花草树木，营造有特点的村镇社区景观。

6. 创造历史文化的体验场所

在历史遗迹附近的农田，可以通过安装导览设备与设施或建设历史文化体验散步道等，打造历史文化的体验场所。特别是在有代表性的文化遗产地区，要尽量开发利用其在观光方面的功能，通过建设体验设施带动地区振兴。

7. 确保生产功能

考虑农田位置分布和使用的便利性，对水利设施等农业基础设施进行维修更新，提高基础设施建设水平，确保可持续的农业生产活动。

8. 加强防灾功能

水田可以暂时贮存雨水，因此有必要加强农田的社区防灾功能开发，如促进稻田水库的建设，或根据需要对田埂周边进行加固、加高。

9. 打造开展农业体验和健康饮食教育的场所

可以利用社区里的闲置农田，开设交流农庄、休闲农场等，让人们体验农园、学习农业知识和对食物的知识，推进各种农业体验场所的发展。

3.3.3 后山空间的保护和利用

对村镇社区后山空间的生态优化策略整理如表3-3所示。

表 3-3　后山空间生态优化策略

生态优化方针	生态优化目标	空间优化策略	
		相关规划内容	相关实施措施
1. 保护和有效利用后山	（1）对后山进行维护管理	·促进对森林的整治 ·开展保护后山的社区活动	·进行除伐、间伐等维护管理活动 ·防止违法丢弃垃圾的对策 ·打造生物的生息空间 ·植树造林等基础工作 ·制定法规保护珍稀动植物 ·生态环境调查、监测调查 ·开展自然与历史体验活动 ·举办学习活动 ·对木材、林产品的有效利用
	（2）营造体验自然的场所	·推进散步道的建设	
	（3）与野生鸟兽的共生	·推进防护林的建设	
2. 保护和有效利用历史、文化资源	（4）营造体验历史文化的场所	·建设历史散步道	

1. 对后山进行维护管理

进行社区后山树木的除伐和间伐，对防护林进行整治，同时极力避免在后山进行开发行为。如必须进行开发，要尽量把对地形的改变控制在最小范围内。此外在完善林间的公共设施时，要积极采用周边的植被生物可攀附的景观材料。

2. 营造体验自然的场所

在自然资源丰富的后山设置散步道、休憩设施、导览标识等便民设施，确保当地居民和来客都能够轻松安全地前来接触自然。

3. 与野生鸟兽的共生

为了在防止野生鸟兽破坏农作物的同时与它们共生，要积极推进防护林的整治。例如在与社区相接的森林，可在山脚下进行带状采伐，设置人和野生动物的隔离地带。

4. 营造体验历史文化的场所

在拥有历史遗迹的后山，要积极营造历史文化的体验场所。例如建设介绍当地历史资源的设施、整修连接历史的散步道等。特别是在拥有具备代表性文化遗产的地区，要将场所建设与观光结合，推进当地的文化旅游振兴。

3.3.4 村落空间的保护与传承

对村镇社区村落空间的生态优化策略整理如表3-4所示。

表3-4 村落区域生态优化策略

生态优化方针	生态优化目标	空间优化策略	
		相关规划内容	相关实施措施
1. 保护街道景观	（1）保护整体性的景观	·开展有序的土地利用	·限制、引导开发行为和土地使用
2. 打造村落周围的绿地和空间	（2）确保绿地	·推进植树工程	·开展街道的清洁美化活动
	（3）确保开放空间	·整治公园、广场	·防止违法丢弃垃圾的对策
3. 充实基础的生活环境	（4）确保舒适性和安全性	·整治下水道 ·整治村落道路 ·整治防灾相关设施	·植树的基础工作 ·开展本地产品生产与消费运动
4. 保护和有效利用历史、文化资源	（5）保护历史文化景观	·建立历史建筑保护政策	·保存和继承本地历史和文化
	（6）营造历史文化体验场所	·建设历史散步道	·用散步道串联历史文化遗产 ·开展志愿者导游活动

1. 保护整体性的景观

在靠近社区中心的自然环境较少的区域，尽量建立绿地、亲水空间与公共设施的联系，形成整体化的景观空间。特别在农地和村落混杂的地区，可通过有序的土地调整，慢慢将住宅和农业用地区分开。在修缮村落内的公共设施时，积极使用与周边景观协调的色彩和材料。

2. 确保绿地

散落在社区内的树林应作为珍贵的绿地进行保护。在道路沿线和公用设施用地周边也要通过建设花坛、植树带等确保绿地空间。绿化的配置要考虑后期维护管理的便利性。对于种植栽培的绿化品种，要积极选用具有当地特色的花木，营造富有特色的社区内部景观。

3. 确保开放空间

利用村落周边的道路或者沿水路的空间，建设连续的散步道和亲水水渠等社区休憩场所。

4. 确保舒适和安全性

对于穿越村落的河流水域，通过整治下水道对生活排水进行适当处理，尽量保护水质。在农业用地和住宅用地混合的地区，通过整治排水通路和下水道，尽量保护农业用水的水质。在有可能发生自然灾害的区域，通过整治蓄水池和水渠等社区内的防灾相关设施，确保安全、安心的社区生活空间。

5. 保护历史文化景观

保护村落内的历史遗迹，以及与其融为一体的周边的树林等空间。与历史建筑相邻的道路等的形态也应与该地区的历史风貌相协调，并完善周边景观。

6. 营造历史文化体验场所

建设历史文化的体验场所，例如介绍当地历史遗迹的导览设施、修建连接历史遗迹的散步道、体验民俗活动的广场等。在拥有具有代表性的文化遗产的地区，要将场所建设与观光结合，推进当地的文化旅游振兴。

3.4 小　　结

恢复村镇地区曾有过的人与自然和谐共生的良好生态系统和景观，从中长期来看对于实现乡村振兴和我国社会经济的可持续发展具有重要意义。村镇社区中的生态空间优化是微观尺度下的乡村规划中的重要内容，也是实现生态规划对于促进农村产业转型、改善乡村风貌和人居环境、保护生物多样性的多重意义的良好契机。本章分析了微观视角下针对村镇社区的各类型生态空间的优化内容、方针，整理了具体的措施，以充实实际工作中的可选择策略，让生态发展思想能更好地落实在我国的村镇社区规划中。

4 基于"三生"空间协调的村镇社区生态优化策略

4.1 "三生"空间协调思想在村镇规划中的应用

农村是粮食的"生产环境",也是当地居民居住和交流的"社会环境"。在漫长的历史中,人们都非常重视乡村的"生产"和"社会"环境属性。但是近年来,由于各种环境问题的出现,农村作为"自然环境"的功能也日渐受到关注——如果乡村发展破坏了生态平衡,就会反噬生产和生活,从中长期的视角来看则会危及地区的生存。因此,各国现有的乡村规划都已将过去不受重视的"自然环境"纳入考虑,寻求三种环境的平衡。

当前,针对我国乡村的多功能空间理论与实践研究仍处于起步阶段,与城市地区的相关研究相比数量仍然较少。同时,目前对乡村"三生"空间协调问题的研究同样主要集中在基于宏观和中观尺度的空间格局的分析。例如,洪惠坤以重庆市为例,探究了乡村空间的"三生"功能演变特征,评价了基于"三生"协调的土地利用效率,提出了相应的优化方法[11]。陈晓华等以安徽源潭镇为例,分析并提出了基于"三生"空间协调的传统村镇居民点的四种空间优化模式[12]。刘鹏等以重庆河包镇为例,结合"三生"空间协调理念与对居民点"共生斑块"的空间分析,进行了农村居民点的布局优化尝试[13]。

此外,也有一些研究关注"三生"空间协调性的评价问题。例如张云路提出了基于"三生"空间协调的乡村空间适宜性评价方法,即因子识别—建立评估体系—各类型空间适宜性评价—综合因子叠加—与相关规划衔接—确定空间方案的方法体系,并以雄安新区北沙口乡为例进行了方法的应用[14]。沈潇则构建了适用于山地乡村的"三生"空间发展水平评价指标体系，并以湖北宣化店镇为例进行了评价体系应用并据此提出优化策略[15]。同时，也有从"三生"功能协调视角出发的对于城镇群关系的研究。例如徐磊等以长江中游的城镇为研究对象，对其国土空间协调利用的时空特征进行了量化分析[16]；张景鑫则分析了苏南城镇的"三生"空间利用质量及耦合协调度[17]。

相比之下，对于微观尺度的村镇社区中的"三生"空间协调问题及相关规划方法的研究目前仍然鲜见。如前所述，这种小尺度下的空间功能与布局优化难以照搬广域的土地利用规划方法，需要研究更为精细化的规划方案，以及配套的实施措施，以切实落实综合了助力乡村产业转型、营造美好人居环境、维护生态安全的多种规划目标。本章将就村镇社区空间中的"三生"协调策略开展专题研究。

4.2 村镇社区中的"三生"空间协调的目标

我国目前的乡村规划面临着乡村振兴带来的产业转型和保护生态环境的双重挑战；而在村镇社区的规划中，还应特别强调通过空间设计提升人居生活品质、满足农村居民对新生活的向往，这使得村镇社区空间中的"三生"协调问题显得尤为突出。为回应这些新时代的要求，下文整理了村镇社区中的"三生"空间规划目标。

1. 打造物产和功能丰富的生产环境

随着人口老龄化的加剧和农业从业者的减少，目前许多地方的农业用地的维护管理都面临着挑战，正在向着农田集约化的目标和以村为单位的农业经营体制的转换。农业除了有提供粮食的作用以外，还能通过生产活动起到各种各样的作用，对于散落在社区中的农田空间，这些多样的功能价值甚至会大于粮食生产的价值。为了能将农业的这些具有多面性的功能发挥出来，除了要确保农业的从业人员以外，还需要对能提高生产效率的农业生产基础设施和空间进行整治和保护，对于社区中的农田还需着重考虑与周边环境的协调问题。

此外，近年来由于气候变化异常，集中暴雨和局部大雨引发的洪涝灾害时有发生，嵌入在社区中的农田也具有蓄水防灾的重要作用。而对于距离都市较近的村庄，社区中的农田更是通过农业与城市来客进行交流的理想场所。

2. 营造充满个性和魅力的生活环境

目前我国已经出现了农村人口回流的迹象，一些年轻人为了追求丰富的自然环境和新的生活方式移居到农村，一些老年人在退休后也选择定居到农村。无论为了提升当地居民的人居环境还是吸引新人来定居，都要求充实和优化村镇社区的生活环境，打造有特色的景观，塑造富有魅力的农村风貌。

此外，要在考虑与原有环境的协调性的同时，提升生活环境的安全性和舒适性，并让生活环境能够反映当地的自然、历史、文化特色。例如，建设介绍当地历史和文化的公共设施、打造色彩丰富的景观和让人放松的开放空间等。

3. 创造与自然和谐共生的生态环境

农村社区除了拥有农田、水系和环抱它们的后山等多种生态空间外，还是多种动植物生息的场所。因为之前快速的发展以及对滨水空间、后山的管理不到位等原因，目前许多地方乡村的美好景观和当地特有动植物的生存环境遭受了严重的破坏。此外，虽然农村自然环境的维护离不开当地居民的自发保护活动，但因为人口的减少和老龄化的加剧，自助管理正变得越来越困难。

为此，在尽可能保护现存良好的自然环境的同时，也要积极制定农村资源环境的保护政策，努力恢复已经消失的自然环境，重新让当地生物找到合适的生息场所，并制定具有可行性的维护管理措施。

如上所述，"三生"功能在空间要素上各有重点，对其各自的优化方针也应以对生产空间的"整治"、对生活空间的"改善"和对生态空间的"保护"为主，各有侧重。如图4-1所示，对三者协调关系的提升目标，则可以归纳为促进

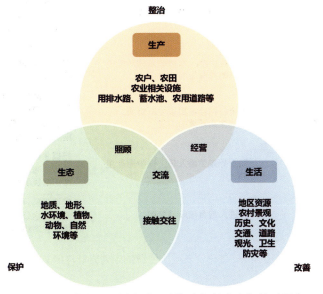

图 4-1 村镇社区规划中"三生"空间的内容与关系示意

生产与生活空间的联合经营，强化生产与生态空间相互照应，以及提升生活与生态空间的接触交往。

基于上述规划目标与内容，还应根据当地的实际情况，制定有利"三生"协调的具体空间的规划方针，并形成可落地的配套措施。图4-2梳理了多国经验中常见的方针与措施。

图4-2 基于"三生"协调的规划方针与措施

4.3 生产空间的规划方针与相关措施

4.3.1 振兴开发新型农业

1. 促进农村与城市的交流

当前生活在城市里的人们常会向往农村生活或是对农业产生兴趣，这些人愿意到农村来，也愿意与农民交流。城市来客也是搞活农村经济的重要资源。为此，可以举办农业体验活动和各类农村主题活动，并将村镇社区农业空间打造为体验型农地和汽车露营地等乡村旅游的配套设施，让这些不以粮食生产为主要功能的农地成为城乡交流的基地。

2. 特产的开发与品牌化

我国的许多农村已经开始了特色农产品开发，但品牌形象尚未确立，这也是农民收入难以提升的原因之一。为此，要积极树立农产品的品牌形象，促进农业经济高质量发展。具体而言，行政机关与农户可以合作确定目标农产品，改良品种，强调地区间品牌建设的差异化发展等，而社区中散布的农业用地周边正是建设相应的研究、设计工作坊等空间的理想场所。

3. 农产品直销点的完善

在村镇社区中的农产品直销点，因为流通过程短，销售的农产品便宜又新鲜，通常能受到欢迎，使生产者与消费者都受惠。此外，近距离销售还能减少农产品运输的能耗，也起到减少运输损耗的效果，对建设低碳社会和循环型社会都有积极作用。为此，应积极让农村社区中的农业空间承担起农产品直销点的功能。

4.3.2 减少农业所需的劳动力

1. 整修乡村道路

为了降低农业所需要的劳动力，整修农用道路，使汽车能够直接开到农田边非常重要。对于肩负体验、销售功能的社区中的农业用地，更应注重道路的修建，提升可达性。

2. 整修耕地

对于农田主要为梯田的地区，通常难以使用农业机械，因此产量低、耕作效率低，需要通过空间规划进行适当修整。但这些梯田作为景观资源是非常宝贵的，修整需要兼顾对其景观功能的保留，对于山地社区中的农地尤其如此。

4.3.3 减少农业对环境的影响

1. 推进环保型农业

农药以及化肥的过度使用会引起水质的恶化及对生态体系的影响，为降低农业对环境的负荷，推进环保型农业非常重要。对于农村社区中的农业用地规划，尤其要考虑其对于推广环保农业的示范作用，对其进行形态修整以适应新的工作要求，并充实完善配套空间。

2. 制定生产中的污染防控政策

虽然恶臭是在农业生产的过程中不得不面对的问题，但可以通过对家畜排泄物和化肥进行适当的处理来减少影响。在社区环境中，更要尽量减少农业生产的恶臭对生活的影响。

4.3.4 制定弃耕抛荒相关对策

1. 遏制弃耕抛荒

弃耕地增加的主要原因有两个：一是相对于投入的重体力劳动来说回报的收入很低；二是随着农户老龄化的加剧，从事农业的人口的减少。要控制弃耕的发生，就要综合推进改善生产环境的措施，其中大多为经济措施，而整治农田周边环境也有利于减少劳动力投入。

2. 恢复利用弃耕地

对于已经存在的弃耕地，如果任由其继续荒废，会导致野生动物入侵，对社区构成威胁。因此，应对当地农民恢复弃耕地进行支援，例如对于在社区中的弃耕地，可以考虑种植一些当地的植物树木，作为景观绿地来继续使用。

4.3.5 制定兽虫害的防治对策

1. 安装预防兽虫害的设备

为了防止野兽等的入侵，需要考虑相应的环境整治措施，例如使用防护栏或电子栅栏等对农田进行围合等。

2. 合理管理弃耕地

随着弃耕地的增加，农地杂草丛生，容易引来野兽、滋生害虫。为此，在实施前述对弃耕地采取对策的同时，还要与当地居民合作，通过生态优化形成野兽和害虫难以生存的环境。

4.4 生活空间的规划方针与相关措施

4.4.1 创造舒适的农村生活环境

1. 修建下水道与污水处理槽

优化下水道和污水处理槽等生活排水设施，可以改善农村社区里的河流水渠的水质，对于营造良好的农村生活环境非常重要。但目前许多地区的排水设施陈旧简陋，需要推进相关的基础设施整治工作。

2. 整治生活道路

整治生活道路对于确保生活的便利性是非常重要的。目前许多农村社区的道路仍不完善，需要进行整治。

4.4.2 保护传承历史与地域文化

1. 继承保护景观资源与历史文化资源

保护农村的景观资源和历史文化资源，并传承给下一代非常重要。为此，要保护和整修自然公园、文化遗产、历史遗迹等，并规划乡土历史主题的旅游路线，建设相关设施。

2. 保护自然泉水资源

许多农村地区都有丰富的自然水源，清澈的泉水除了用于饮用水之外，还可以成为社区的休憩场所，给生活增添情趣。为保护这些水源，可以通过建立水源涵养区，并通过修整通往水源的道路以及停车场，提高利用泉水的便利性。

4.4.3 构建农村资源循环型社会

1. 有效利用生物质资源

农村地区会产生大量农产品加工后的残留物以及间伐材等废弃物。如果能将这些废弃物作为生物资源循环利用，例如将其用作家畜的饲料或肥料，也能够改善农村的生活环境。为此，需要建设配套的处置设施。

2. 增强环境意识，倡导环保行为

构建农村地区的循环型社会需要每个家庭的支持。因此，在居住集中度较高的社区中应该配备垃圾分类、生活垃圾堆肥、清洁能源发电等的相关设施，创建面向未来的环境友好型社区环境。

3. 合理处理废弃塑料农具

塑料大棚的材料、覆盖表土的地膜等废弃物被称为农业用废弃塑料，有必要将其作为产业废弃物进行适当处理。在社区中，应建立对农业和生活中的废弃塑料的回收、分类、再利用机制，并建设相应设施，以减少塑料制品污染。

4.5 生态空间的规划方针与相关措施

4.5.1 保护当地稀有物种

1. 保护自然环境中的生物

农村地区是生物资源的宝库。应结合各地的情况，考虑在村镇社区中划定自然公园区域，并制定管理政策，以减少人对环境的影响，保护生物的多样性。

2. 保全珍稀物种的生息繁殖环境

对于在当地生息繁殖的珍稀物种，尤其要控制社区的建设开发对于这些物种生息繁殖区域的影响，划定保护区域，限制人的进入，避免因为乡村发展造成环境恶化。

4.5.2 维持生态系统功能

1. 合理管理人造的生态空间

除了自然环境，一些物种可能以人造的田地、水渠、树林等作为生息繁殖的环境。因此，也要对这些社区中的次生环境进行适当优化，考虑人类使用的同时兼顾生物生存需求。

2. 推进自然河道保护

河流是构成农村社区生态空间的最重要的要素之一。为了保护河流的生态功能，要推进以环境保护为目的的自然型河流的规划建设方法。具体包括设置浅滩、水潭等以避免河水流路的直线化；设置鱼可以产卵洄游的鱼道；使用环保的护岸材料等。

3. 推进山林绿化保护

为了保护村镇社区周边山林的生态功能，要定期对树林进行修整，同时尽量避免将山林改造为建设用地。如必须进行开发，则要尽量把对地形的改变控制在最小范围内。

4.5.3 防止外来生物入侵

1. 掌握外来生物分布状况并进行防除

在制定针对外来生物的对策时，有必要通过公众参与、资料及现场调查了解外来生物在当地的分布情况，进而采用有针对性的手段进行空间整治，让其不利于外来生物生息。对于已经存在的外来生物，要进行定期防除工作，并制定基于当地居民自治的作业方法，做好相应的空间准备。

2. 面向居民的防控信息透明化

外来生物入侵的原因很大部分来自居民缺乏相关意识，以食用、垂钓、赏玩等为目的将外来生物携带到当地，并流入周边环境中。因此，行政机关应该加强对市民防范意识的宣传，在河流、山林等的周边也应设置相应的宣传标识。

4.5.4 促进人与自然接触

1. 建造自然公园

为了居民能在社区中舒适地与大自然接触，需要考虑建设自然公园。同时，应设置公园导览设备、动植物的说明卡片等，充实公园的可游玩性。

2. 修建亲水空间

与滨水生物的接触不但能给生活带来乐趣，也能引起人们对生态系统的兴趣，提高对自然环境的保护意识。现在村镇地区的许多滨水空间被护岸、防波堤、护栏网等阻断，因此在考虑安全性的基础上，应增设让居民与水环境亲密接触的场所。

3. 推进生态旅游

我国的许多农村都有丰富的自然观光资源，非常适合生态旅游、观光旅游。为此，可以积极策划生态旅游项目，设计各类农业体验，而空间规划也应充实农业体验设施和配套的停车场等公共设施的建设。

4.6 小　　结

村镇社区中的"三生"空间协调发展问题是在微观尺度下进行乡村规划的重要内容，"三生"空间的融合也是让村镇社区规划达到促进农业升级、改善人居环境、保护生态环境的复合目的的重要手段。本章分析了基于"三生"空间协调的村镇社区规划目标、内容，以及面向"三生"空间的具体生态优化方针与措施，使"三生"空间协调的发展思想不仅能在广域的国土规划中发挥作用，更能切实指导微观的乡村规划工作。

5 村镇社区生态空间规划中的公众参与策略

5.1 公众参与思想在村镇规划中的应用

公众参与的思想出现于20世纪70年代左右，是指在公众需求多样化、多元利益集团介入的情况下采取一种协调对策，以保证规划行为更科学与民主，也使规划决策更能符合实际情况和切实体现公众的利益需求，并确保规划工作的顺利实施[18]。这一理论可以应用在社会经济的各个层面，在社区规划中则尤指通过让当地居民和相关组织积极参与到规划工作中，以在确保项目决策公正性的同时提升规划方案的可落地性。公众参与的概念和理论大约从20世纪90代开始传入我国，在规划设计领域的影响力也一直在逐步扩展，学界对其重要性已达成基本共识。目前，公众参与在我国社区规划中的应用主要集中在城市地区，且内容和形式都较为多样。例如，李彦辰等分析了在我国推行社区规划师制度所面临的机遇和挑战[19]；张译文探讨了通过多方参与、共建共赢的模式打造城市社区中的农园的可能性[20]；黄怡欣等梳理了在老旧社区更新中引入高校作为支援机构，以帮助培养社区居民参与意识的方法[21]。

而近年来，随着新农村和乡村振兴工作的开展，在村镇社区规划领域，也出现了一些应用公众参与思想的案例与相关讨论。例如王潇等人基于对天津参与"村改社区"搬迁的村民的调研，确认了居民的社区参与和居住满意度、社区认同感间存在显著的相关性[22]。卢锐等以浙江海盐五圣村为例，指出参与式发展理念下的村庄规划要求村民不只是参与规划，而是主导规划过程；规划师作为专业人员，应当将村民对村庄发展的设想在用地布局和设施安排上予以落实并提供可选择的图景，在技术上为村民提供服务和帮助[23]。彭程则以贵州凤仪村为例，对在乡村景观规划的各阶段引入以村民为主的公众参与模式进行了尝试[24]。

此外，虽然公众参与理论在我国大多乡村地区的实践经验尚浅，但在乡村风貌与我国相近的东亚地区已经取得了良好的效果。日本通过在村镇社区的历史文化与景观风貌保护中引入政府与居民参与上下协同的机制，打造了一批成功案例[25]。而韩国的"新农村运动"之所以能成为发展中国家农村建设实现跨越式发展的典范，与村民们自主自觉地参与政府的各种活动密切相关，这种自下而上的"勤勉、自助、合作"的精神也被认为是取得自身与国家利益"双赢"的关键要素[26]。

同时，各国的实践经验也都表明，虽然村镇社区规划通常处于城乡规划工作的末端，但由于乡村社会天然具有自组织性，其既有的社区凝聚力和熟人社会的纽带为发展公众参与规划模式提供了比城市更契合的土壤。与这些优势相比，目前这一思想在我国的应用仍有几方面比较显著的局限性。首先，目前的公众参与式村镇社区规划主要关注住宅、公共设施、道路等人造环境的布局、设计问题，对于更能体现当地特色并与乡村的生态涵养功能密切相关的生态空间保护与优化中的公众参与的研究和实践仍然非常缺乏。同时，公众参与的实施通常仅限于规划的设计阶段，未形成贯穿从策划到维护的规划全过程的整体工作模式，难以确保最终的参与效果，也不利于充分发挥公众参与思想对于村镇规划工作的意义。此外，大多相关项目的公众参与的实现方法仅限于进行问卷和采访调查、召开会议等，对于开发多样化的实施手段和技术，尤其是开发具有乡村特色的公众参与方法的讨论尚存不足。

基于上述问题，本章将以村镇社区中的生态空间规划为对象，结合发达国家应用公众参与思想进行空间优化与政策制定的经验，探讨在规划工作的各个阶段中实施公众参与的具体目标与方法，为拓展公众参与在乡村社区的生态规划中应用的可能性提供参考。

5.2 公众参与在村镇社区生态空间规划中的意义与主体

5.2.1 公众参与对于村镇生态空间规划的意义

我国的快速城镇化带来了农村地区生活质量的极大改善，但也不可忽视过去一段时期的快速发展对乡村空间和风貌以及大量仅在乡村地区有所保留的自然和生物资源的破坏。其中，包括生态、生产和生活空间在内的"三生"空间的功能冲突在开发程度和人口密度较高的村镇社区空间中尤为明显，使得维护村镇社区中的生态安全、营造具有乡村特色的社区生态和景观成为在较小尺度上实现乡村"三生"空间协调的重要立足点。而在生态空间中应用"以人为本"的参与式规划，也是对这一思想过去仅被应用在社区建筑物与基础设施布局规划方面的补充。

此外，在村镇社区生态规划中引入公众参与，还具有以下优点：

① 保护乡村风貌。相较城市地区，乡村空间地域特色更强，而对乡村风土面貌的保留不仅体现在建筑物的风格造型上，更体现在对水体、树林等自然空间的保护整修和资源利用的方法的继承发展上，因此在社区生态空间的规划中引入公众参与，有利于发现和掌握本土化的生态保护利用的理念、方法，并实现设计与施工方法的传承。

② 保护生物多样性。对于村镇地区的特色动植物，当地人士可能比专家有更深入的认识和接触经验，而生态空间是生物的居所，出于保护生物多样性的观点，对其规划应特别注意听取公众对当地特色生物的认知，从而充分掌握当地的动植物分布情况和物种特性，据此制定保护生物多样性的具体措施。

③ 促进树立环保意识。建设人与自然和谐共生的可持续发展环境，是当下乡村规划的工作重点。在长期的生态保护中，当地机构和居民而非规划师才是实施相关政策措施的主体。因此，通过鼓励公众积极参与生态空间的规划，也是帮助居民树立环保意识、改变部分生活习惯，从而建设资源可循环的村镇社区环境的重要契机。

5.2.2 村镇生态空间规划中的公众参与主体

目前我国村镇规划中的公众参与案例主要以当地村民为对象，并以让规划能尊重、满足其意愿和需求为目的。但要让公众参与达到上述的多重意义，则需要设立更高的目标——收集来自当地的有益见解和知识，用于提高规划设计的科学性。为此，需要有目的地做更大范围的意见听取，并对公众参与的主体进行扩展和梳理。

例如，为全面获取与当地生态环境相关的信息，可组织建立立足当地的"环境顾问"队伍。参考国外的经验，相关人员可以包括当地有经验的农民、从事工程的人员、大学研究人员、中学理科教师、博物馆工作人员、当地环保NPO（非营利组织）的成员、政府农业和环境部门的工作人员等。而在制订具体空间规划方案时，应该区分能从空间改造中受益的村民和其他居民的看法，并将当地政府部门也作为意见听取的对象，让其来协调各方意见，帮助当地居民建立共识，但同时也要注意避免有关部门基于自己的意志主观制造共识。为此如图5-1所示，在开展信息的协调会时，参与的主体可以包括当地有学识经验的人群、社区居民代表、农业从业人员、政府行政人员、规划受益者等，通过多方交流，充分交换关于当地生态环境和规划方案的意见。

图5-1 村镇生态规划的公众参与主体构成

在具体的参与方式上，包括一般农户、规划的受益者、承担达成共识协调者作用的环境专家，以及制定和推行规划的行政机关等，都有必要在各自的立场上发挥应有的作用。图5-2梳理了各方主体在村镇生态空间规划中的共同作用机制。

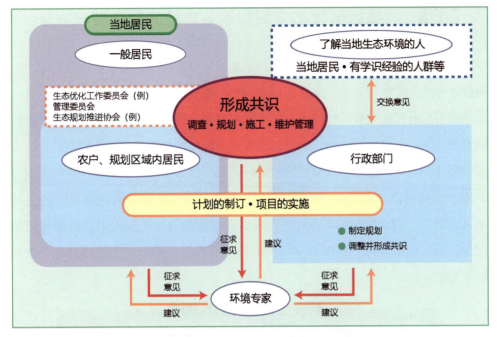

图 5-2　村镇生态规划的多方主体的作用

在这一工作中应当注意，农村地区的人口过疏化和老龄化可能导致公众参与人员不足的问题。为了守护农田山林等农村自然环境，并把当地的生态知识传承给下一代，还要注意确保和培养能够从事农业和参与地区活动的接班人。此外，在当下重新评价农业和农村的作用时，可以看到生活在城市里的许多人也对农业农村表现出很大的兴趣。在这种新气象的背景下，可以考虑在农业从业者之外，积极促进地区居民、外来的城市居民等更多的人都参与到村镇生态规划中来。图5-3梳理了拓展村镇生态规划参与者的可能模式。

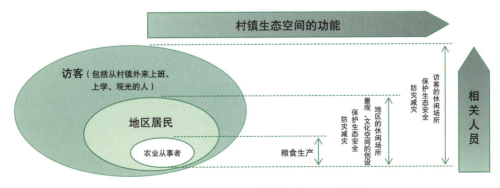

图 5-3　村镇生态规划的参与者拓展可能性

5.3 村镇社区生态空间规划各阶段的公众参与方法

如上所述，要想真正通过公众参与来助力项目的推进，应该从规划的构思阶段就让各类主体参与进来，在生态环境调查、规划思路的讨论等早期工作中就主动寻求当地有识之士和居民的意见，并就规划方向达成共识。基于对规划方案的认可和共鸣，在施工过程中，也可以让当地居民力所能及地参与工程建设，从而通过自身参与建立起与项目更牢固的情感联系。而为了能持久地发挥规划想取得的生态空间的优化效果，在工程施工完成后，依托当地居民的维护管理仍是不可或缺的。因此如图5-4所示，积极引导公众参与的工作应不仅限于规划的设计阶段，而是应该贯穿项目从最初的调查和构想，到施工和最后的维护管理的全过程。

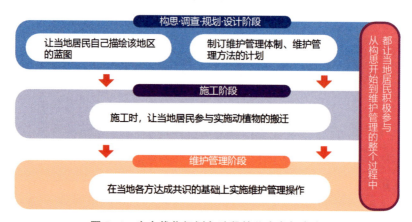

图5-4 生态优化规划各阶段的公众参与内容

为了充实进行相关实践时的工具，下文整合了多国的经验，将村镇社区的生态空间规划工作的前期、设计、后期三个阶段再细分为8个环节：① 确定生态空间规划定位；② 实施环境调查；③ 研讨空间优化方针；④ 进行规划方案设计；⑤ 制订运营管理计划；⑥ 工程施工；⑦ 维护管理；⑧ 施工监测措施及进行项目后评价，并在表5-1中总结了每个环节中公众参与的具体内容与组织形式。

表 5-1　生态优化规划各阶段的公众参与方法

规划阶段	参与人员	公众参与内容	组织形式
①确定生态空间规划定位	政府农业与环境相关部门、项目受益者等	·了解规划对象区域的环境现状和生态环境优化目标。与项目受益者一起讨论有效利用对象区域的可能性，在此基础上明确与此项目有关的相关人员，建立相关人员组织	
②实施环境调查	政府农业与环境相关部门、环境团体、专家、当地居民等	·通过文献调查、问询调查以及现场调查，收集整理对了解地区生态环境情况有帮助的信息	·生态信息听取与现场调查 ·举办意见听取会
③研讨空间优化方针	政府农业与环境相关部门、项目受益者、当地居民、环保团体、专家等	·明确未来该地区生态环境风貌的设计目标，设定生态保护目标和保护的生物范围 ·在设定生态保护目标时，要尊重规划的定位、问卷调查、研讨会等当地居民的意愿	·实施问卷调查 ·举办研讨会
④进行规划方案设计	政府农业与环境相关部门、设计人员、环保团体、专家、项目受益者、当地居民等	·在设计时，征求专家等的指导建议，从生态保护的视角出发，探讨环保的施工方法 ·通过工作坊等，尽量与当地居民达成共识，从自然环境与农业经营的关联、维持管理的现实性等方面进行综合讨论	·举行方案说明会 ·举办研讨会 ·与项目受益者和管理部门进行协商 ·规划方案的公示
⑤制订运营管理计划	政府农业与环境相关部门、环保团体、专家、项目受益者、当地居民等	·维护管理应在尽量发挥公共设施作用的同时，保护生物的生息环境和良好的景观风貌。为此要尽可能从早期阶段就与项目相关人员就生态保护的管理对策达成充分的共识 ·充分研讨维护管理计划，了解包括设施所有和管理者的管理体制、管理手法、费用负担的方案等。特别是在和地区居民一起进行管理的情况下，要研讨制定相关的管理规定等	·现场说明会 ·举办环境优化研讨会 ·招募维持管理的人员
⑥工程施工	政府农业与环境相关部门、施工人员、环保团体、专家、项目受益者、当地居民等	·在施工时要考虑施工的时长以及对生态系统的影响。要考虑生物的生息环境，对保护物种的生息环境进行充分了解，施工避开繁殖期 ·对于施工人员，向他们宣传环保理念，形成环保意识，对于临时设置的设施也要考虑到环保问题 ·可在一部分工程推行居民、企业、行政机关的三方合作共建，培养人们爱护设施的感情	·施工现场参观会 ·居民参与动植物的搬迁、施工后的生物保护等

续表

规划阶段	参与人员	公众参与内容	组织形式
⑦维护管理	受益者、当地居民、环保团体、专家等	·为了公共设施功能的持续发挥和生态环境保护，进行适当的维护管理活动 ·管理主体应根据空间利用模式确定。在开工之前，就要建立地区居民积极参与的维护管理体制 ·聘请顾问帮助自治的维护管理体制走上正轨	·环保活动 ·维护管理上的注意事项说明会 ·环境学习会
⑧施工监测措施及进行项目后评价	政府农业与环境相关部门、环保团体、专家、项目受益者、当地居民等	·根据需要在施工后持续施工环境监测。为此要制订能够比较施工前后差别的监测计划 ·在监测计划中，要充分考虑保护生物的特点，设定具体的调查地点、方法、时间等调查方案 ·监测的结果除了用于该地区的维护管理，也可用为新规划的制定和设计提供依据	·募集监测调查队员 ·施工环境监控调查 ·配合日常维护管理，举办环境调查会

1. 规划前期阶段

其中，项目的前期工作包含了确定生态空间规划的定位、实施环境调查以及对空间优化方针的初步研讨。这一阶段要对区域内的有识之士、居民、各类团体与组织等各类主体进行摸排并建立联系，为今后的工作打下基础。通过对当地的生态信息进行广泛的意见听取，不仅能为规划提供参考，也能让各主体在早期就对项目有所认识。而在制定基本规划方针的阶段就注重对公众意见的听取，也有助于尽早建立各方对项目的共识，避免后期返工。

2. 规划设计阶段

规划设计阶段的工作内容既包括设计规划方案本身，也包括设计相应的运营管理计划。相较前期的准备阶段，设计阶段的工作内容更为精细化和深入，需要引入当地的专家学者来帮助把规划方针落实为适应当地环境的具体方案，探讨减少生态影响并符合当地工艺的施工方法，并制定完工后的管理和维护措施。在基于专家意见完成设计后，还须及时公示方案，以在更大范围内听取来自社区居民的意见。

3. 规划后期阶段

规划设计的完成只是工程的开始，后期还面临着来自施工、维护管理和长期的效果监测的挑战。在项目后期，也需要定期举行活动来维系公众参与度，同时及时发现和协调出现的问题。例如在施工中，可以让居民参与一些力所能及的作业来强化参与感，这也符合乡村地区传统的建设模式。维护管理同样应以社区居民为主体开展，但可设置顾问来帮助自治体的组织和运营。此外还应依托公众实施对项目效果的定期监测，以为今后的项目提供有益经验。

5.4 促进公众参与的工作方法的分类与比较

上述方法在实施的目的上大致可以分为两类：其一意在制造交流的契机，从而提升公众参与的深度；其二意在帮助各方建立共识，从而达成共同行动的意愿。下文对两类方法的特点和优缺点进行了比较。如图5-5所示，在规划工作的各个阶段，都应灵活地运用两类方法，以广泛的公众参为基础，以达成共识为目的，有意识地培养多主体的共同行动目标。

图 5-5 生态优化规划各阶段的公众参与形式示例

5.4.1 有利发现问题、促进多方交流的方法

为了科学制定规划，应利用各种方法促进交流，引起相关人员的共同关注，从而积极发现所在地的需求特点和面临的具体问题。为此，必须在每个阶段选择合适的信息共享对象，并根据信息的内容选用合适的交流方法。与此相关的主要工作方法及优缺点总结如5-2所示。

表 5-2　发现问题、促进参与的交流方法概要

方法	方法的概要	效果、优点	局限性、注意点
问卷调查意见征询会	通过问卷调查和意见征询会听取当地居民对规划方案等的意见和要求	可以面向多数人实施	问题问法不同，会左右答题结果，较难了解回答者答题背后的想法
征选活动	确定环境或地区建设的主题，面向当地居民征集意见、作文、插图、创意等	容易吸引居民的关注，征集到的提议内容刊登在计划书等上面也可以起到宣传普及计划书的作用	为了让各方面具有代表性的人士都能参加，在设定题目、征集方法、评选方法以及选出的作品如何使用等方面要仔细探讨
体验型交流会	通过与当地居民的共同合作，制订体验方案	参加者的共同思考过程也能培养当地社区协力采取措施的习惯	确定适合讨论的主题，引导参加者说出自己的意见

1. 问卷调查

通过问卷调查征询当地居民对规划方案等的意见和要求。发放问卷以及回收的方法应根据调查内容、调查对象以及实施调查的时间等决定。在实施问卷调查时应明确说明调查目的、对象、时间、发放和回收方法以及问询处、问询电话等，以便回答者能够在理解调查宗旨的基础上做出恰当的回答。本方法的局限性在于比较难于把握回答者的答案背后的真实想法，而是否清楚说明调查的宗旨、问题的问法不同会左右回答的结果。

2. 意见征询会

与问卷调查相同，意见征询会也是制定各种规划时最常用的公众参与方法之一，用于向各类有关人员了解代表性的意见。通过意见征询可以直接和调查对象对话，容易说明调查的宗旨，而且可以和对方充分交换意见。此外，有时意见征询会还有助于加深各种团体、组织、当地居民与行政部门的交流。因为时间有限，事先应该充分研讨征询的内容。

3. 征选活动

确定主题，举办面向当地居民的意见、徽标、插图、创意等的征选活动可以加深对地区的了解，同时帮助居民培养生态环保意识。征集方法可以通过宣传刊物、广告单、海报、广播、电视、网络等发布，也可以通过学校、企事业单位等各种团体帮助宣传。为了让各方具有代表性的人士都能参加，在确定主题、征集

方法、评选方法以及选出的作品如何使用等方面应仔细研讨，并根据征集内容确定最有效的征集方法。

5.4.2 有利达成共识、促进共同行动的方法

为了确保规划能推进落地，让居民将规划方案视为己物并自发采取行动是非常重要的。而为了加深各类主体对方案的理解和认同，切实地描绘当地发展蓝图，并利用各种方法展示和推广信息也同样重要。与此相关的主要方法及优缺点总结如表5-3所示。

表5-3 提供信息、达成共识的交流方法

方法	方法的概要	效果、优点	限制、注意点
宣传手册等资料	通过宣传手册推广方案的内容、进展情况等	可以直接把信息传达给大量有关人员	准备和分发过程需投入大量时间和金钱
网络	制作网页，推广方案制订的过程和有关资料等	可以用相对少的经费广泛地推广信息	只能传达到会使用网络的人群
体验型交流会	参加者自主活动的参与型学习会	通过思考提高认识水平	应注意将交流会上提到的意见和要求反映出来
专题研讨会、论坛	邀请学者、专家等前来演讲和交流意见	和有关人士合作可以加深共同的理解，也是对地区外人员的一种信息传递	只能传达给到场的参加者
追踪监测意见	公开招募追踪监测对象，进行听取意见或邀请出席会议等	可以充分听取当地居民的意见，一起讨论，并以此为依据制订方案	应充分探讨选择追踪监测对象的方法
考察先进地区、学习会	考察先进地区的事例，从先进地区邀请讲师前来召开学习会	直接听取并感受到先进地区的相关工作实施进程，提高认识水平	效果仅限于参加者

1. 制作宣传手册、网页等

告知当地居民规划方案内容和进展情况等的最常见的方法就是制作宣传手册等纸质宣传品，以及通过网络等电子渠道传达信息。宣传手册等纸质宣传品可以指定分发的地点，也可以发送到特定的主体和对象手里，应留意根据发布内容调

整发放对象和宣传品数量。通过网络发送的信息则可以作用于地区以外的居民。不管是纸质宣传品还是网络，应注意不只是单方面地发送信息，还要配合发放信息收集了解居民的意见反馈。

2. 专题研讨会、论坛等

专题研讨会、论坛都是在公开场合表达自己的意见并进行讨论方式的讨论会，一般会请几个发言人就某一主题发表意见和评论，也可以请当地居民作为专题研讨会和论坛的演讲者。通过讨论会可以直接听取大家的意见并进行讨论，因此可以提高公众的认识水平、达成共识。为了让更多的当地居民参加，应悉心安排举办的地点、时间、讨论题目、确定发言人。此外还应及时整理宣传研讨会的结果，让未能参加的人也了解相关的信息。

3. 追踪监测意见

公开招募追踪监测的对象，定期听取他们的意见或邀请他们出席会议。通过意见跟踪，可以发现一些行政部门难以了解到的真实情况。此外，通过充分听取当地居民的意见、一起进行长期讨论等，可以为各阶段的规划方案优化提供依据。对当地居民来说，通过直接把自己不同阶段的意见反馈给规划制定者，也能更有参与感和充实感。为了防止追踪检测对象偏向某些成员，应该充分研讨选择对象的方法。一般应招募成年人，但是加入一部分大中小学生，以及在该地区生活工作的一些外来人员可以有利于更广泛地听取来自各方的声音。

4. 考察先进地区、学习会

为了讨论制定实施规划的具体方法等，可以考察先进地区的事例，或从先进地区邀请讲师前来召开学习会。特别是邀请在先进地区负责过实际项目的规划人员、实际参加过项目实施的居民前来交换信息，对推进项目来说是非常宝贵的学习机会。对于以生态空间为对象的规划项目，由于各地生态环境不同，研讨过程中可以对拟引进的规划方法和本地化的应变方法进行讨论。而为了有效参考别的地区的实践经验，举办考察或者邀请讲师举办学习会之前，应事先整理本地区的具体问题和需求，提升学习会举办的目的性和效率。

5.5 小结

村镇社区中的生态空间规划不仅是在较小尺度中实现"三生"空间协调发展的重要内容，也是展现公众参与对于保护乡村风貌、生态环境、建立可持续的乡村发展理念的积极作用的良好契机。本章梳理了在村镇社区生态空间规划中应用公众参与的意义与对象主体，总结了各阶段的相关工作方法，并比较了相关方法的特点与优缺点，以扩展将公众参与思想应用在我国的村镇社区规划中的思路。

下 篇

村镇社区生态优化规划技术

6 村镇社区生态优化规划的基本内容
7 生态优化具体目标的制定
8 生态优化相关信息的调查
9 生态优化规划方案的制订
10 生态优化的基础设施设计
11 生态友好的施工方案设计
12 维护管理与持续生态优化

6 村镇社区生态优化规划的基本内容

下篇的研究将聚焦村镇社区生态优化规划工作的具体内容和操作技术,在第6章、第7章中总结村镇社区生态优化规划的基本内容和生态优化具体目标的制定方法。在此基础上,面向村镇社区生态规划项目的5个阶段,在第8—12章分别梳理与生态优化的相关信息调查、规划方案的制订、基础设施的设计、施工方案的设计、维护管理阶段的持续生态优化相关的工作方法和技术。对所有规划阶段的生态优化内容与技术的探讨均会以自然资源和人文资源双提升为目标,从生物保护和景观营造两个角度出发,为上篇中的生态优化策略的落地提供实施路径,帮助生态优化理念在我国实际的村镇社区规划工作中落地推广。相关内容参考了多国的现行制度和做法,并着重参考了与我国乡村风貌较为接近的日本与韩国的经验[27]—[29]。

本章将首先梳理村镇社区生态空间优化规划工作的特点,并分析其在保护地区生物多样性和特色景观两方面的内容构成。

6.1 村镇社区生态空间优化规划的特点

如第3章中所述,在以村镇社区为代表的微观尺度、地点级别的规划中,对于生态空间优化方针制定需要考虑居民的感知、空间的具体形态、针对不同生物栖息环境的保护等更精细化的内容。同时,工作的关注点除了制订规划方案本身,还要考虑后期施工和维护阶段的可操作性和效果的可持续性。以下梳理了面向村镇社区的生态空间规划的特点。

1. 多样的次生自然环境与管理维护需求

村镇地区的社区空间中围绕房屋的灌木、篱笆、水渠、蓄水池、田埂、河流、堤坝、树林等有机地结合在一起，形成了多样化的生态系统。而随着时间的推移，农田及农业基础设施等也与周围的这些环境要素日渐协调，形成美丽且富有特色的村镇景观。

与原生的自然环境不同，村镇社区中的自然环境大多是以次生自然环境为基调的，这种基调是在人类长期的维护管理之下形成的，因此要保护或恢复村镇社区的生态，除了进行空间的优化规划，维护和创造良好的管理维护体制和环境也至关重要。

2. 综合生物保护和景观营造的优化内容

在进行村镇社区生态优化规划时，第一，应探讨保护生物多样性及相关的生态环境的基本思路以及实施方法，按照整体格局调整水渠、蓄水池、农用道路、农田的优化整治等工作内容，分门别类地制订调查计划及规划设计方案。

第二，为了保护和创建村镇景观，还需要收集村镇景观的现状情况，以及对于如何进行景观优化，形成村镇特色景观的各类观点，并在实施村镇生态规划时制订针对景观优化的调查、规划、设计、维护等的方案。

在此基础上，还应明确包含所规划社区在内的较大区域范围的村镇生态环境情况及优化的理念、目标，从而让社区的生态优化与上位的环境保护目标相融合，使其成为村镇区域整体生态空间优化理念的一部分和落地抓手。

3. 生态优化与乡村振兴相结合的可能性

近年来，虽然城市居民来乡村接触丰富的自然环境的需求日益增长，但伴随着农村地区的人口流失和老龄化加剧等问题，村镇的次生自然环境质量下降问题仍然较为严重。同时，我国也已经出现了一些以实施生态优化为契机，将提高农业生产率和保护村镇生态环境相结合，灵活有效地进行综合性乡村更新规划的案例，并产生了基于环保型农业、将安全安心的农产品品牌化的新型农业，促进地区间和城乡间交流的休闲观光旅游业等多种与乡村振兴相关的新兴产业。

同时，一些地区也已经出现了面向地区整体的宏观和中观尺度的生态空间优化规划，较大地改变了地区的土地和水资源的利用效率，为进一步推进保护和优化村镇社区内的生态环境提供了条件。但目前关于与上位措施配合并将这些优势传导到社区的基于微观尺度的规划方法的讨论仍较少。因此，今后在制定村镇生态优化规划项目时，也应考虑将保护生态系统和生物多样性以及营造美好乡村景观等目标落实到村镇社区层面，并与当地的产业转型等目标相结合，使村镇社区的生态优化规划成为实施乡村振兴战略的契机。

6.2 村镇社区的生物多样性保护

6.2.1 村镇地区的生态系统特点

村镇地区的生态优化规划能发挥保护和形成生物生息的次生自然环境的作用。但规划项目的实施本身也会对生物多样性造成影响，因此规划方案的制订需要考虑保护生物多样性的需求。

1. 村镇地区自然环境的特点

在村镇地区，除了水田等农田以外，还有河流、蓄水池、树林等多样的自然环境，并通过农业生产有机地结合成一个整体，保护和孕育了多样的生物生存环境和良好的村镇景观。例如，在水田中采用耙地等耕种方法可以固定植被、抑制植被的迁移；不被植物覆盖的浅塘保护了蛙类的产卵地；水渠、蓄水池等通过定期疏浚，减少污泥的堆积，保护了鱼类的生息环境。而荷花、油菜花等植物和为了产卵聚集在农田边的蜻蜓等动物一起，让农田形成四季变化的风景，这些风景和干农活的人们自然地融为一体，构成了美丽的乡村风景线。

这种自然环境不同于原生自然环境，是以农业生产活动为前提形成的次生自然环境。因此，保护推广可持续的农业生产模式对于村镇生态环境保护至关重要。

2. 村镇地区的生物多样性

（1）村镇地区生物多样性的价值

村镇地区的次生自然环境所创造的生物多样性，不仅具有保护多样物种本身的价值，还具有对农业的生产生活以及教育和文化方面的价值。

① 对农业生产生活的价值

村镇地区的自然环境由生物、水和土壤等组成，其间生息的多样的生物互相影响，维持着粮食生产环境和人类生活环境的平衡。例如，蜻蜓类、蛙类和鸟类会捕食农作物的害虫，蜜蜂能给农作物授粉，它们的存在与农业生产密不可分。同时，各种植物除了为动物提供生息的环境，还有为土壤的形成供给重要的有机物以及净化水质等作用。

② 教育和文化方面的价值

村镇地区的生物多样性还能在增加人类对自然的知识、培养对自然的感情的同时，创造出当地的特有文化，在丰富人类的社会生活方面起着重要的作用。例如，除了常见的观察花草、鸟类等活动，还能在疏浚污泥时组织捕捉鱼虾、贝类等活动，通过各种体验活动加深人们对自然的认识。此外，基于当地生物的饮食文化、传统捕鱼方法的传承、孩子们的水边游戏等许多具有地区特色的文化活动也都是建立在当地生态环境的基础上的。

（2）村镇地区的生物多样性危机

村镇地区约占我国国土面积的七成，而濒临灭绝的物种和珍稀动物保护区大多都在村镇地区，为了保护我国的生物多样性，除了保护纯自然环境，更要在有人活动的村镇地区人工创造适合生物生息的次生自然环境。但在过去的一段时间中，由于过度追求经济性和效率性的农业生产模式以及以此为目标修建的农业基础设施对环境的影响，加上村镇人口流失和老龄化等造成的人手不足问题导致的农业基础设施的管理缺失，使得生物生息环境的质量下降明显，尽管国家近年出台了多种保护措施，村镇地区的生物多样性危机依然日趋严重。

3. 基于生态优化的农业基础设施

不同于宏观和中观尺度的规划，微观的村镇社区生态优化中的一项重要内容是通过整治优化农业基础设施，在提高农业生产效率的同时让农业生产模式更加合理化，实现可持续的农业生产，这在保护和形成村镇地区的生物多样性以及保护和营造村镇景观方面都发挥着重要的作用。

目前我国的村镇规划较少涉及这一领域，现有的许多基础设施存在加重环境负荷的缺陷，而所采用的施工方法也仅重视经济性和后期管理的高效性。例如设计方案中常见的混凝土护岸、有较大落差的水渠、水渠与农田间的高差等都会造成生物移动路径被切断，并对周边绿化造成破坏，从而影响生物的生息环境。因此，在实施村镇社区的生态优化时，在保证农业生产效率的同时，需要考虑其对生物多样性和村镇景观的作用，通过避免或降低基础设施对环境的负荷和影响，推动建立可持续发展的农业生产模式和村镇社区发展模式。表6-1梳理了通过优化农业基础设施提升社区生态功能的常见措施。

表 6-1　面向生态保护的农业基础设施优化范例

对生物多样性的影响	生态优化策略
混凝土水渠造成鱼类排卵场地和越冬场所的减少和消失	通过设置浅水潭、河湾等营造多样的水边环境
水渠与农田的高差过大造成了鱼类移动路径的切断	通过设置水田中的鱼道等确保农田与水渠间的移动路径
水渠的护岸、水渠和农道沿线绿化的消失造成了生物移动路径的切断以及生息环境的消失	通过设置绿化网确保生物的移动路径和生息环境
弃耕地的扩大造成了两栖类动物和鱼类排卵地的消失	建立促进弃耕地的重新耕作、生物生息环境整治的管理体制
蓄水池的粗放型管理造成了滨水生态圈动植物的生息环境消失、水质富营养化	健全蓄水池的科学管理（除草、疏浚等），建立基于当地居民的管理体制
疏于管理的山林中猴子、野猪等大中型哺乳动物数量增加，分布地扩大，造成农林业的损失	通过对山林的科学管理，建立多主体的管理体制
位于食物链上层的外来物种捕食当地物种，造成当地生物的减少	定期抽干蓄水池水驱除外来鱼种；防止蓄水池干枯后外来鱼种向水渠移动；防止向蓄水池放生外来鱼种
当地植物不如外来植物的繁殖力强，流入的外来植物造成当地植物的减少	使用含有当地植物种子的原生土壤和当地植物来建设绿化
大批出现的外来物种降低了当地的生物多样性，并对农业基础设施的运作产生影响	重建空间活动网络时，事先考虑连续的水域中是否可能发生外来物种入侵，考虑生态优化策略，并防止施工造成外来物种入侵
农药的不当使用造成生物物种减少并影响人类健康	通过土壤改良减少农药的使用，结合推进环保型农业确保生物生息环境

6.2.2　村镇地区的生物活动空间

村镇地区生存着各种生物，它们利用当地的各种环境要素满足各自的生息需求。为了保护这些生物，最重要的就是确保生物生息的良好环境和移动路径。

生物的繁殖和成长所需的生息环境具有多样性。除了寻找生息所需环境，生物也会在不同的时间、在特定的生息环境之间移动。因此，为了保护村镇地区的生物，就要确保由生物生息环境和移动路径构成的生物活动空间网络，在保障生物个体的生息环境的同时，使其种群能够在当地存续下去。

1. 确保良好的生息环境

不同生物在繁殖、成长的各个时间段需要的生息环境各自不同。例如同样是水生动物，不同物种生存需要的水流流速、水质、水深、底质、植被等要素各不相同。因此需要在了解具体生物的环境需求的基础上，有针对性地保护和改善其生息环境。例如对鱼类而言，需要了解其在繁殖、成长、越冬时的不同生息环境，理解其并非一直在水深和流速相同的环境中生活。尤其对于鱼苗而言，需要在水浅、有植被、流速慢的环境中生存。因此不同于成鱼喜好河流，水田的环境对于鱼苗的生存非常合适。

2. 确保环境间的移动路径

如上所述，在整个成长的过程中，生物不断地变更着自己的生息环境。如果切断其在不同环境间的移动路径，就会给生物的生长造成严重影响。因此，确保提供生物可使用的移动路径对于物种保护非常重要。例如鱼类的生长需要河流、水渠和水田的空间，假设作为其产卵和繁殖地的水田与水渠间的移动存在障碍，鱼就无法洄游至水田产卵。此外，确保移动路径时还需要注意一种生物的加入对同区域生活的其他物种生息环境的影响。

3. 避免外来物种入侵

在重新构建和优化生物活动的空间网络时，还需要注意有可能威胁本地物种生息的外来物种的入侵，特别要注意一些外来物种的生息范围的扩大还可能对农业基础设施的使用效率产生负面影响。

6.2.3 物种保护与农业基础设施

农业基础设施是粮食生产的根基，同时也对建设村镇地区的生物生息环境和移动路径发挥着重要作用。设施本身与周边的林地和河流等连接在一起，也是构成生物活动空间网络的一部分。其中，最常见的农田、水渠和蓄水池等农业基础设施都是构成生物生息环境和移动路径的重要因素。其各自的作用和进行生态优化时的注意事项如下。

1. 农田

农田及周边的绿化是鸟类和昆虫觅食、休憩的生息环境和移动路径。其中，水田因为具有水浅、流速慢、水温高及大型鱼类难以游入等特点，对于小型鱼类而言是安全理想的生息环境。此外，水田里的浮游生物对小鱼来说是非常丰富的饵料，因此很容易成为鱼类和两栖类动物的产卵地，以及小鱼和两栖类幼体的成长地。而当田埂和小水渠减少或消失，水田变成旱田时，在水环境中生存的生物就会失去生息空间。

除了保护水田环境，对于进行了农田综合治理后出现的空闲的农地等，也可以考虑重新开发为水田，作为鱼类和两栖类动物的产卵地、两栖类幼体和小鱼的成长地以及昆虫类的繁殖地。此外，水田周边的水渠有时会因为设置和设计不合理成为周边生物移动路径上的障碍，在优化时需要加以注意。

2. 水渠

水渠是鱼类和蛙类繁殖成长的重要生息环境，也是鱼类等游向河流和水田的移动路径。水渠里通常常年有水，流速也相对缓和，因此很容易采取一定的策略来保护并形成鱼类和两栖类动物的生息环境。考虑生态优化的施工方法包括避免水渠内有大的高差，从而形成水渠鱼道，以及设置适合鱼类栖息的水湾和鱼巢模块等来优化其生存环境。此外，需要特别注意消除水渠与水田平面间的高差造成的移动障碍，并在水田中设置与水渠相连的适合鱼类生息的水田鱼道。

3. 蓄水池

蓄水池是在水流湍急的场所无法生息的蜻蜓类、鱼类、两栖类动物繁殖、成长的重要环境。由于水位变化小，蓄水池中能形成挺水植物带、沉水植物带、浮叶植物带等多样的水畔植物群落，与周边的水田和林地一起构成多样的生物生息环境，同时成为生物移动路径中的据点。尤其是缓坡的水岸边植物带，常是重要的水畔生物生息环境，也是水陆多种生物都会使用的移动路径。

4. 水渠边和农道边坡面上的绿地和防风林

由水渠和农道的沿线坡面绿地和防风林等形成的绿带，常常是鸟类和昆虫类等的生息环境，同时也是其移动路径。在专项的农用基础设施外，也要重视对这一边界空间的保护和优化。

6.2.4 生态优化规划的实施步骤

以生物多样性保护为目的的生态优化规划，除了要有针对性地制定保护和创造生物活动空间网络的目标，还要将优化工作贯彻到从调查到方案的制订和设计等规划的各个阶段。

参与规划的主体则应该包括农户在内的当地居民、当地行政部门、环保NPO及当地的有识之士等。为此，要组织基于多主体参与的组织，共同探讨生物保护问题，让多主体间达成共识，汇聚各方之力协同开展工作。

1. 生态优化规划的实施步骤

探讨与生物多样性保护相关的生态优化规划时可参考以下的步骤开展工作：

（1）从地区生物中选择最有特点的生物，通过文献和现场调查，了解它们在当地生物链中的地位，预测规划项目对它们的影响（调查）。

（2）根据农业基础设施对生物活动空间的保护和建设所起的作用，制订跨工种、面向整个地区的生态优化规划方案（规划）。

（3）根据项目需要，整治优化农业基础设施，将上述的规划方案具体落实到基础设施的优化设计上（设计）。

2. 建立基于公众参与的工作体制

为了确保生态优化工作能持续有效地开展，需要居民认识到优化地区生态与自身息息相关，并将这种认识付诸行动。因此，规划项目的主体应该是包括农户在内的当地居民、当地行政部门、环保NPO及各类有识之士（有丰富工程经验的人员、研究机构的职员、环境保护的专业人员、企业顾问）等，并需要组建包含各类主体参与的协商会等组织，共同探讨地区生态环境的保护建设问题。其中，达成共同的行动意识非常重要。

规划项目的负责部门应该通过协商会等就生态优化的策略听取各方意见，并承担起协调意见的职责。项目整体应该充分利用召开研讨会、开展生物调查、组织动植物搬运活动等各种机会，唤起人们对当地环境的关注和生态保护的意识，以利于在规划项目结束后，继续以当地居民为主体开展生态保护工作。

6.3 村镇社区景观的保护和营造

6.3.1 村镇景观的特征与现状

1. 村镇景观的特征

村镇是生产粮食的农业生产活动场所，同时也是包括农民在内的当地居民的生活场所。如上所述，除了农田空间外，水渠、蓄水池、树林等多样的自然环境依托农业生产而有机结合在一起，形成多种生物栖息的自然环境；同时，这些要素也依托传统农业文化，融入当地的生活习俗、饮食文化、祭典祭祀等人文社会活动中，形成了美丽的村镇景观。

村镇景观能反映当地生产生活的秩序之美、自然环境的多样之美、地区历史文化所酝酿出的传统之美等，给当地的居民带来安心感、愉悦感和充实感；同时对于城市地区居民而言，村镇景观也是极具价值的"原生态景观"。总之，美丽的村镇景观是在地区自然条件、农业生产和生活、文化传承等背景下，经过历史长河的洗礼逐渐积淀而成的，能充分体现地区的特色。而推广具有可持续性的农业生产活动不仅能保障和提升村镇社区的活力，也有助于保护和营造村镇景观。

2. 村镇景观的现状

在我国的许多村镇，由于人口的减少和老龄化，地缘社会的纽带正在被削弱，这对地区环境的管理造成了阻碍，也造成原本良好的自然环境的逐渐恶化，并对地区文化的传承有负面影响。人口问题也是导致村镇社区活力不足、农田抛荒、景观恶化的重要原因。此外，由于远距离物流的发展和建材的标准化，以及人们对工程效率和施工便利性的追求，村镇的生活与生产环境也在快速改变，原有的传统样式的房屋与并不能反映地区风貌的新建筑混杂在一起，使村镇地区原本拥有的独特个性之美受到了严重影响。

但同时，伴随美丽乡村的建设，许多地方的村镇已经开始重视景观规划，与乡村景观风貌营造相关的各种措施也在快速发展中。正如各种"回归田园"活动反映的潮流，村镇丰富的自然环境、地区资源、独特的风土和文化也越来越受到城市居民的关注，人们已经开始了对农业和村镇价值的重新审视，以及对新的环保型生活方式的追求。近年来，推进农村休闲旅游和农户民宿发展的措施也在快速发展，许多城市居民都为了探寻我国的传统文化和体验富饶的自然风光而主动前往村镇，这也为村镇景观的保护和营造带来了新契机。

3. 村镇建设中的景观优化措施

优秀的建筑设计需要兼具实用、坚固、美观三要素。我国各地传统建筑大多遵循这些原则，具有强烈的风格特色，其中的许多建筑仍保留在村镇社区中。然而，在过去一段时间的经济快速发展期中，许多新建的建筑往往仅偏向重视实用和坚固，"美观"问题则常常被忽视。在新的村镇建设中，应该重新审视对实用、坚固、美观三项要素的综合考虑，全面地制订规划和设计的方案。为了实现景观优化，精细化地制订与地区风貌相匹配的设计方案非常重要。为此，需要在了解地区的自然、历史、文化基础上，充分分析和理解构成地区景观的各要素的意义。

此外，地区景观建设的主角也应该是包括农户在内的当地居民。为了让当地居民能主动性地致力于当地的景观建设，需要考虑能调动当地居民自主参与规划设计工作的积极性的措施。

4. 与景观协调的村镇发展规划

为了形成良好的村镇景观，需要制定与地区的景观保护和营造相关的法规和条例，规划工作在遵守并执行这些规范的同时，也需要综合考虑村镇发展与景观营造的协调措施，形成以当地居民为主体的景观营造活动，并积极在其他建设活动中融入景观优化的要素。

此外，还需要站在长期的视角思考如何有计划性地、分阶段地推进景观的优化发展。这就需要在村镇的长期发展规划中考虑建设与景观的协调性问题，根据该地区景观的特点，制订能兼顾景观的保护和营造的地区整体发展方案。

6.3.2 村镇景观的内涵与功能

村镇景观是通过农业生产和生活的长期发展而形成并延续至今的。因此，村镇景观之美是建立在其各要素具备各自本身的功能性之上的，而各空间要素的功能性中也应该包括其作为村镇景观的环境要素的作用。

1. 村镇景观之美的体现

村镇是人类为了生存而生产必要的食物，并经营生活的空间，同时也是孕育着多样生态系统的次生自然空间。因此，从人类生存所需的角度来思考景观之美是很重要的。村镇空间应该满足人类生存的基本需求，并能保障舒适的生活，美丽的村镇景观应该能够体现空间的这些功能。

此外，在村镇地区，将当地材料有效地使用在农业生产和房屋建设中是形成具有协调感和统一感的景观的重要因素。善用当地建材的村镇环境，即使用当代的价值观和审美观来衡量，依然可被视为极具形态之美。因此可以认为，村镇景观之美是建立在空间能满足人类的生存需要和舒适生活的需要之上的，在空间形态的塑造中对相关的功能要素进行适当调整，就能营造出景观之美。

2. 作为功能空间的村镇景观

（1）村镇空间的基本功能

① 满足生存所需的功能

人类能否从环境中获得对美的满足感，是衡量人居环境质量的重要标准。因此，村镇社区作为人类自古以来的生存环境，需要具备满足人类基本生理需求的功能，如生产充足的食物、保护生物多样性、确保安全性、景色宜人等。

② 保障舒适生活的功能

除了从是否适合人类生存的角度审视村镇景观外，为了满足当代的人居环境需求，也应从宜居性的角度出发，对其舒适性、便利性以及是否能让人产生对舒适生活的联想进行评判。因此，理解当地社会、经济情况和传统文化对于创造美丽的村镇景观不可或缺。对村镇居民而言，村镇的生活环境应该具备合理的经济性和功能性，但也要兼顾对宜居性、历史性和文化性等属性的体现。

（2）村镇基础功能空间的保护与营造

为了保护并营造村镇基础功能空间中的景观，应从人类的基本生理需求和对舒适的生活环境的需求的角度出发，梳理景观要素所具有的意义并对其进行评价；并在积极利用当地资源的同时，推进建设与自然共生的居住环境。例如，矗立在广袤农田中的树木，既可以作为农业生产的休息空间，又可以作为鸟类、昆虫等的栖身之所，还能作为空间中的地标元素。我们应积极思考这类村镇景观的构成要素对人类具有的意义，理解我们对其美的认识从何而来，在此基础上开展有针对性的树木保护和植树活动，就能保护和营建美好的村镇景观。

3. 基于造型视角的村镇景观

（1）村镇景观的形成过程

在村镇地区，因为复杂的地形、不同的土壤条件、气候条件等因素，各地都有丰富多样的个性化风貌。特别是在过去经济和社会资源不足的时代，人们会把地区仅有的建材高效地应用到农业生产和村落建设中。在这个过程中，随着富有地区特点的农业形态、村落和住宅的建造方式、生活方式等的不断发展变化，慢慢形成了与自然相和谐、统一且简洁的村镇景观。

（2）基于造型视角的景观评价

从当代的价值观来看，建筑样式规整划一、形态优美的村镇景观，被认为是人类智慧、技术与自然和谐共生的产物。如上所述，过去的村镇景观是在完善农业和村镇生活所需的功能空间的过程中逐渐产生的，因此具有很强的实用性。但在现代社会，建设功能空间的技术和方法非常多样化，一味沿用过去的实用性的标准未必合适。因此，也可以基于造型的需求来审视景观，让村镇景观之美能以现代化的方式得到保护和体现。

6.3.3 村镇景观优化基本原则

1. 景观优化的基本原则

在进行景观优化的规划和设计时，可以基于"清除与遮蔽""修整与美化""保护""创造"等基本原则，讨论适合的景观优化方案。

（1）清除与遮蔽

"清除与遮蔽"是指消除或遮蔽阻碍景观的要素，从而防止景观质量下降，是景观营造的基本策略之一。例如杂草、垃圾、废弃的车辆、不美观的招牌、弃耕地、破旧的房屋等都是导致景观恶化的负面要素，在塑造宜人的景观时可以考虑对它们进行清除和遮蔽。

（2）修整与美化

与通过"清除与遮蔽"让负面要素整体消失不同，"修整与美化"则是指为了减少对象对景观的负面影响而在其上增加绿化等美化因子的方法。例如对于影响景观效果的设施，为了使其与周边景观相协调，或转变为良好的景观的一部分，可以充分考虑设施的形状、色彩、材质等设计要素，对其和周边环境进行修整。

（3）保护

"保护"是指为了保持现有空间的和谐感，防止破坏和谐的要素侵入，以达到维持现状目的的方法。虽然地区的景观都是经过长年累月的培育积淀而成的，但近年来随着人们生活方式的快速改变，以及除了农业之外的新生产方式的不断出现，产生了大量破坏传统景观的情况。让这些新要素能与地区景观相协调，或防止它们入侵传统景观之中的方法即为保护。

（4）创造

"创造"是指通过添加新的要素来创造新的空间和谐感的做法。在实现空间的和谐性方面，创造是一种较为上层的手法。适用于在清除与遮蔽、修整与美化、保护的基础之上，还需要追求更高的空间品质的场合。

2. 景观设计的要素

景观设计的本质是对规模、位置、形式、色彩、材质等空间要素进行协调。其中规模、位置是反映对象景观特点的重要属性，应该在确定了规模和位置的基础上，再就形式、色彩、材质等要素展开进一步的讨论。

景观设计的要素包括对象的规模、位置、形式、色彩、材质等。规模和位置是对象的基本景观属性，是景观设计的基本条件，因此在方案的规划阶段或是设计的早期阶段就要确定各要素的用地范围，而多数情况下规模和位置在确定后是很难再改变的。在对对象的形式、色彩、材质等景观属性进行选择和组合时，主要明确周边景观中存在的"设计代码"，并选择适合该地的最佳设计代码，即通过"设计控制"来实现景观优化。

（1）规模和位置的确定

景观要素的规模和位置应该根据地区的景观特点，以不影响人类正常活动为前提，确保主要的景观资源能被一览无余。此外，如果要素的规模很大，还要考虑其是否能与当地的自然地形相协调，会不会改变景观的构图。

（2）形式的确定

为了将景观要素以某种方式进行统合，需要探讨要素之间的比例和位置的均衡问题。为了使景观整体看起来风格统一，构成景观的各项空间要素就不能过于标新立异，而是要在注重多样性的同时，形成某种统一的风格和形式。

(3) 色彩的确定

在确定色彩时，选用能给人以美感的色彩组合非常重要。色彩由色相、彩度、亮度三种属性构成，使用时应对这三种属性进行整体考虑。为使色彩间能够调和，应该使用色环，通过构成景观的基调色彩与其色环两侧的颜色的搭配，形成协调感。同时，也可以使用位于色环相对位置和其两侧的颜色来形成基于对比的调和感。亮度和饱和度的选用同样如此，可以选择与基调颜色相协调的配色，也可选择与之对比度高的颜色来进行配色。

(4) 材质的确定

景观设计中的材质可以赋予要素表情，因此尽可能地使用当地材料的肌理非常重要。通过肌理设计，能使设计对象更加显眼，突显其存在感。材质通常分为自然材质与人工材质。在村镇地区，原则上可以利用自然材料（木、草、石、土等）来实现景观协调，并通过人工材料（柏油路、混凝土、砖块、金属制品等）来形成对比，从而使二者相得益彰。

6.3.4 基础设施对景观的作用

1. 村镇的形成过程

在进行景观优化时，应该充分考虑村镇的形成过程，考虑到作为村镇景观要素的农业用地、农业基础设施等的作用，并考虑其与村镇空间中的各种其他景观要素之间的关系。例如，水田周围不仅要确保有丰富的水资源，而且还须设在台风、洪水等自然灾害较少的区域。因此，在山谷或盆地中的平原等地理条件较好的地区就会围绕水田形成村镇。在村镇中，人们把山和平地作为一个整体来认知，把适合水稻种植的平地作为水田空间，而把房屋建在湿气少、洪水威胁小的山脚空间，村落往往因此形成背靠大山、面向平原的格局。

此外，因为水往低处流，人们会巧妙利用细微的地势高差，让尽可能多的土地成为水田。利用平原的微地形修整农田边界，往往会形成曲线细腻的农田景观；而水无法流入的微高地会被作为旱田使用，人们还会在此处建造祠堂、寺庙和人造树林等。这些空间也是构成传统村镇景观的要素。

2. 农田

农业用地的形态和其中栽培的农作物是构成村镇景观特征的重要因素。在农田的修整工作中，需要充分研究讨论周边地形的特点，并特别留意农田的形态和边界区域等对景观构成非常重要的因素。农田的形态有人为的规划分割形成的以直线为基调的长条形和格子形，也有山坡上的梯田等因自然地形条件而形成的以曲线为主、根据等高线划分的农田形状。

在农田、道路、水路的边界区域，花朵和浮游植物等的色彩点缀、梯田的堆石形成的高差、山坡的坡度等都是构成景观的要素。农田边的树木、房屋周边的树林、防风林等植被和树木也是重要的景观要素。农田边的树木等植物过去的供人休憩的作用现在已经因为农业近代化而逐渐削弱，但其作为农业历史象征物的文化价值应该被重新评估，作为地区景观特征性要素的作用也同样值得关注。以防风为主要作用的房屋周边的树林和防风林一般会朝向迎风面排开，也是构成统一感的重要景观要素。

3. 农道

农道可以分为联系村镇与外界的国道、省道等主干道，以及用于运输农业物资、搬运农作物等农业生产活动的位于农田内的农用道路。除了柏油路、石子路等路面外，道路的坡面、护栏，道路中的桥梁等也是构成农道的要素。

此外，与农业基础设施相连的管理用道路也有可能成为重要的景观要素。农道和水渠一样是农田、村落的重要组成部分。在农田的边界、村落的入口处、水路的交叉点，往往会栽植各种植物、设置纪念碑等，形成地区的历史文化景观资源。在村镇社区中，还应注意居民日常行走和散步的步行道可以采用与车道不同的颜色以及石板、砖块、木板等不同的材质进行设计，提升其景观价值。

4. 农业基础设施

（1）水渠

水渠根据其功能可分为引水渠、排水渠以及引排两用水渠；根据系统的不同又可分为干线水渠、支线水渠、小水渠、承水渠和放水渠等；从形式上看则有开放水渠、管道形式的水渠及复合形式的水渠。通常而言，管道水渠因为不显眼，与景观的关联度不大，但也有在其上方设置公园形成滨水空间的做法。

水渠系统中包括了开路、管道、水道桥、水管桥等通水设施，以及分流设施、调节设施、保护设施、安全设施、管理设施等众多要素。其中，开路的护岸、水路桥、分水工、检查门、坡面设施、栅栏、除尘机、水管桥、通气管等都是视觉上可识别的景观构成要素。水渠常被设置在农业用地和住宅用地周边，除了作为农业水利功能外，也常是供人洗涤与休息的地方，水渠的管理用道经常也兼具散步道的功能。

水渠桥是连接分开的两个区域的水渠的重要构造物，也是形成地区景观的要素之一。考虑到维护管理的需求，在不过度装饰的同时，可以结合地区历史文化要素对其色彩选择、桥墩和护栏等的形式设计纳入景观优化范围。而对于水渠系统的安全设施，也应该在保障防止跌落和人员闯入等安全性要素的基础上，兼顾设施的可视性，考虑其色彩等对景观的提升效果。

（2）水库和蓄水池

水库的建造与当地地形和地质情况紧密相关，根据堤体的材料可分为混凝土水库、滤网水库和复合型水库。混凝土水库根据结构又可分为重力型和拱型，而滤网水库大致可分为均一型、区域型、表面隔水墙型。混凝土水库作为一种人工构造物，展现出的机械美感与自然环境形成鲜明的对比，能给人留下深刻的印象。相比之下，滤网水库由岩石、沙砾、土等材料构成，堤体的坡度也比较缓和，其材质能很容易地与自然环境融合在一起。水库的建设应遵循相应的规范，但同时还应该考虑水库主体的景观作用。此外，水库主结构之外的办公楼、取水塔等建筑物的形状、蓄水池周边的坡面绿化、防护栏的色彩等也是可以纳入景观优化的对象。

许多蓄水池是在人们进行农田耕作时逐渐形成的，具有悠久的历史，除了提供农业用水的水利功能，也兼具蓄洪等防灾作用，以及保护生态系统、形成景观、供当地居民休憩亲水、进行环境教育实践等多重功能。与自然的湖沼不同，人工蓄水池的水位每年会有较大的变动。此外，应该注意蓄水池还是各种各样的植物、水生昆虫、鱼类、两栖类、鸟类等生长和栖息的场所。蓄水池的构成要素有堤体、泄洪口、取水设备、管理设施、蓄水池主体及其周边的其他设施等。设施的建设和优化要满足法律规范，在充分确保其安全性、经济性、管理的便利性等基本条件的基础上，采取相应的景观优化策略也非常必要。此外，蓄水池周边的树林等植被也是构成景观的重要因素，需要在进行景观优化时加以考虑。

（3）量水堰及泵站等

量水堰的位置和形式应遵照相关法规进行设计，其形式包括固定量水堰、复合量水堰、可动量水堰等。在新设或改建量水堰时，需对设施整体的色彩、水门和主体构造物等的形状与色彩、护栏的形状等进行景观优化。由于河流区域内的视线遮挡物通常很少，如果附近有桥梁、河堤上的道路以及高于量水堰位置的散步道，量水堰就很容易引人注目，需要研究合适的景观优化策略。此外，如果将量水堰的上方作为步道来使用，还要意识到这种步道是眺望周边景色的重要观景点。

  泵站的主要构成要素包括水槽、容纳泵体等设备的建筑以及除尘设备等附带设施。在泵站的建设和改造中，水槽和附带的建筑会对地区景观造成较大的影响，因此建筑物的形状和色彩都应该实施景观优化。此外，由于设施周边用地的情况不同，泵站的可视性会有很大的差异，对此也应该进行充分的考虑。

7 生态优化具体目标的制定

为了推进村镇社区的生态优化工作,需要收集和整理当地的生态环境资源信息,在此基础上构筑行政机关与当地居民的合作机制,并设想负责工程实施的主体各自应负担的职责,有计划地推进优化目标的制定。

为了明确当地将来理想的生态环境面貌,需要设定作为保护对象的生物以及生态优化的具体目标。目标分为两种类型,一种是保护目前的良好环境,另一种则是恢复已经受到破坏的环境。两种目标都要在进行调查之前就大致拟定,再在规划方案制订阶段进行深化。此外,在制定目标时,规划负责单位要积极主动地向当地居民提供生态环境信息,并通过问卷调查、访谈调查、体验型交流会等方式,了解当地居民掌握的生态环境信息以及对生态优化的建议等。在此基础上,再根据总体规划方案以及专家学者的建议,在取得当地居民认可的基础上设定具体的优化目标。

7.1 制定生态优化目标的流程和要点

7.1.1 生态优化目标的制定流程

如上所述,为了在推进村镇社区生态优化的同时促进有特色、有活力的地区整体建设,需要提前制定明确的目标,从项目的调查阶段、规划阶段到实施阶段、维护管理阶段,都应该有方向性、有计划地推进工作。

制定优化目标的大致流程包括:① 大致设定区域整体的生态优化共同目

标；② 设想实现目标的进程并制定相关的体制；③ 在此基础上对目标进行总结提炼。

1. 设定地区整体的共同目标

为了吸引相关人员参与到村镇社区生态优化工作中来，目标应能体现当地特色、体现个性。设定目标时应围绕调查和规划方案制订的需要，收集和整理现有的相关地区的生态环境资源信息，从中提炼能凝练目标的素材。

在进一步确定目标时，应构建起参与相关工作的组织，探讨当地整体发展的共同目标；同时立足于有当地特色的环境资源和保护物种等，探讨和确定实现目标需要的辅助主题，即面向目标的实现应组织的具体活动和其各自的目标。

2. 设想实现目标的进程并构建体制

在上述工作基础上，还应探讨对应于每个辅助主题的项目清单，设定负责实施的主体，并制订实施的日程安排以及推进计划。此外还应针对辅助主题构建起多主体共同参与的项目推进体制。

3. 总结和凝练目标

在确定任务和工作后，汇总梳理各参与主体的职责，明确各自要负责实施的措施和进程安排。在完成整理后，应再次审视整体的措施构成和项目进程，以确保目标的实现效果。

7.1.2 生态优化目标的制定要点

如上所述，目标制定工作中应注意在谋求多主体达成共识的同时推进进程。此外，在目标制定过程中还应根据需要接受反馈，灵活调整、逐步推进，避免工作的刻板划一。具体而言，在工作中应与参与的主体密切联系，共同探讨面向实现目标的项目清单，共享信息并协同调整计划。为此，建立多主体共同协作推进项目进展的体制也很重要。为了提升目标制定过程中的多主体参与效率和效果，应明确以下基本概念和工作思路。

1. 设定生态优化目标的基本思路

（1）什么是生态优化目标

生态优化目标是指当地理想的生态环境面貌，对于包括农户在内的当地居民来说，这个目标应该要亲切、通俗易懂。通过让多主体参与设定目标的过程，可以把当地的各类人员对生态保护的意识统一起来。此外，目标也可以成为当地生态环境保护活动的口号。目标可以是感性的、意象性的抽象内容，但在确定要特别关注的生物、值得保护的物种、值得保护的景观的过程中，最好能够参考专家学者的意见，制定出内容较为具体的目标。

（2）生态优化目标的类型

生态优化目标有两种类型，一种是以保护目前良好的生态环境为目的，另一种则是以恢复已经受到破坏的生态环境为目的。

2. 生态优化目标制定中的公众参与

（1）对当地居民进行生态知识启蒙

以包括农户在内的当地居民为对象，举办与当地生态环境有关的学习会、观察会，积极主动地提供上位规划等与当地生态环境有关的信息，并进行生态环境知识的科普启蒙。

（2）了解居民的意见

以当地居民等为对象，举办学习会等活动，加深他们对当地生态环境现状的理解，并通过问卷调查、访谈调查、举办体验型交流会等，了解当地过去的环境情况和未来理想的生态优化愿景。

（3）基于学者专家的意见，对居民意见进行讨论

为了把通过调查等掌握的当地居民的意见落实到规划中去，还要征询专家学者的指导和建议，从专业的角度研讨意见的可行性以及实施的具体方案。

（4）结合调查结果大致拟定目标

以研讨得到的方案为基础，进行必要的文献调查、现场调查等，结合调查结果，在粗略调查的阶段大致拟定生态环境优化的目标。

（5）具体生态优化目标的设定

将大致拟定的优化目标再次反馈给专家学者以及当地居民，进一步听取意见，根据专家学者的建议和居民的意见，综合详细调查结果，在制订规划方案的早期阶段完成具体生态优化目标的制定。

7.2　调查和评价村镇社区生态现状

在粗略探讨村镇社区生态优化目标的阶段马上对整个地区进行实地调查较为困难，因此应该先广泛、高效地收集整理现有的信息和资料。其中，地区情况概要、环境资源、环保活动情况、既有规划方案等内容可以从现有文献资料中收集整理得到，也可以通过访谈调查等进行补充。

在整理收集到的信息时，应注意村镇社区的生态优化规划要着眼于和地区广域生态环境的有机结合，使之形成一个整体。汇总信息资料后，可以根据收集到的信息的时空关联性将其整理成图表，并筛选出用于制定生态优化目标的素材，探讨整理候选的选项。之后，通过以粗略探讨目标为目的的调查，筛选出重要性较高的生态环境资源要素；在此基础上再进一步展开详细调查，补足缺失的环境信息，并发现能体现该地区特征的具体环境要素。

1. 收集现状信息资料

探讨制定粗略的生态优化目标所需的现状信息资料可以分为地区情况概要、环境资源、现有环保与建设活动情况、既有规划方案等，其中环境资源可以再细分为自然和社会环境、农业生产环境、生态系统、水文环境、景观等项目。

在完成信息收集后，可以将现状信息的概要整理成表格形式，表7-1为相关内容的整理范例。

表 7-1　制定目标所需的现状信息及其内容

类别		内容（突显当地特点的信息）
地区情况概要		人口、家庭户数、农户户数等
环境资源	自然和社会环境	地形、地质、气象、河流、植被、交通设施、产业形式等
	农业生产环境	农业生产情况（主要农产品等）、环保型农业推进情况等
	生态系统	生物的生长情况、珍稀物种的生长情况等
	水文环境	农业基础设施、水质环境、水的循环网等
	景观	土地利用、植被、历史性建筑等
现有活动情况		环保活动、城乡交流活动、地区建设活动等
既有规划方案		上位规划、环境保护措施、乡村振兴措施等

2. 收集现有资料的思路

为了了解对象区域的整体环境概况，需要了解其空间分布情况以及随时间的推移发生的变化情况。因此收集现状信息时应该全面网罗资料，例如寻找了解当地历史变迁的行政部门保有的文献资料等。此外，针对土地利用情况和生物栖息分布等特定内容，可以收集已经汇编过的图纸和地图，再根据需要向专家和当地居民等实施访谈调查等。为了有效利用收集到的信息，在收集信息的同时要特别注意同时采集该条信息的"地点信息"，即其在区域中的具体位置。

3. 整理信息的思路

在整理时应该综合分析收集到的信息，例如在能表达"地点信息"的地图上标注每个地点的"特征情况"，完成后就可以在视觉上直观地了解当地的整体特征。如果有的信息中没有包括位置信息，不能整合到地图上，就需要按类别将其整理成表格。现状信息中只显示特征而没有位置信息的内容可能比较多，但还是应该尽可能和有位置信息的内容相整合，形成直观的、有视觉效果、便于理解的图表。

4. 筛选制定目标的素材的思路

在筛选制定目标的素材时，要基于整合好的地区概要情况、环境资源等各类信息，并归类密切相关的内容，从中筛选出具有地区特色的要素。在汇总资料时，应时刻牢记实施村镇生态优化规划的目的，根据本项目的需要从各类整理结果中遴选出重要的信息，并尽可能地把密切相关的内容进行整合，形成有良好视觉传达性的图表。

5. 通过调查反馈高效捕捉重点

在收集整理信息、筛选素材的过程中，可以先收集容易找到的当地行政部门和网上的信息，进行粗略的分析，在抓住了对象地区的大致特点后，再设定几个可以成为目标素材的候补选项。在此基础上，调查并收集反馈信息，再系统整理筛选资料，并从中提炼出重点，高效地实施必要的追加调查等，进一步发现和明确该地区整体特征的具体构成要点。如上所述，相关的调查可分为"粗略调查"和"详细调查"两部分。粗略调查是在地区优化目标的初步探讨阶段实施的调查，在这个阶段应就"地区概况"和"既有规划"等的情况广泛地进行信息资料的收集和整理，调查仅限于补充一些文献的疏漏。而开展关于"环境资源"和

"现有活动情况"的调查，目的也是了解地区整体的大概情况。

详细调查则是在项目的规划方案的决策阶段实施的调查，这个阶段对于"环境资源"和"现有活动情况"的调查会基于粗略调查收集整理的信息，区分出重点调查对象，并针对需要进一步了解的信息实施专题调查。

6. 有效借鉴已实施生态优化地区的案例

每个规划地区的生态环境特点各有不同，但对于目标探讨阶段出现的各种问题及其解决方法等，其他地区的相关案例常具有启发性，可以在设定优化目标时予以参考。因此，应积极收集已实施了生态优化的地区的案例，而为了今后开展生态优化规划的地区能够更好地设定目标，积极分享推广通过本项目获得的经验和知识也非常重要。

7.2.1 地区概要信息的整理和视觉化

为了将收集到的地区现状信息在图纸上整理表达出来，应制作包含当地地形、土地利用和农业生产基本信息的基础图纸（以下简称为底图），并灵活地用于对资源环境、活动情况、既有规划相关信息的整理。

1. 收集可以作为底图的地图

现状信息中包含位置信息的，可以在地图上的相关位置标出相关的特征内容和统计结果等，这种从视觉上直观地了解和表达对象地区信息的方法较为高效，为此要收集可以作为底图的地图。近年来国家、各省（自治区、直辖市）的城乡规划部门等行政单位都推广了电子化地图，可以在工作时先向当地的相关部门确认有无电子版的地图资料。为了在其上整理空间信息，作为底图的地图资料应该包含对象地区的地形和土地利用情况等。

2. 收集地区概况信息

为了了解地区概况，应收集规划区域内的各项政府的统计资料和农用设施情况等信息。统计资料包括农业普查等收集的人口、家庭户数、耕地面积、从事农业的人数、农业生产量等。大部分地区的相关行政部门都已经有相关信息的电子文件，可以通过沟通取得。而为了了解农用设施和耕地区划的形状、水渠的现状等，需要收集当地的基础地理信息，如当地已有的一些规划项目，则可能已有较详细的相关资料。

3. 地区概况的整理方法

地形图、土地利用情况图、农业基础信息图等图纸可以作为底图，如果农业基础设施的位置信息明确的话，也可以在地图上标示出来。将收集的地区相关统计资料编到底图上，就能够直观地反映出该地区的概况。农用基础设施的概况可以用农业基础信息图作底图，在图上标出农田的使用情况、农业基础设施的种类、引水排水水渠的位置等，以直观地了解设施的种类和布局。

7.2.2 基于地区整体视角的信息收集

在村镇整体的生态优化中，建立地区整体的生态环境循环网络、保护生态系统热点、维护重要的景观要素在形态上的协调性、保护有历史文化价值的设施等非常重要。因此，有必要从地区整体的视角来了解地区生态环境资源，收集和整理自然和社会环境、农业生产环境、生态系统、水文环境、景观等方面的信息。整理生态环境资源时不仅要了解现状，还要追溯到过往，了解该地区生态环境资源的历史变迁和地区环境的时空变化情况。

1. 收集生态环境资源

过去的村镇规划中，网罗地区整体的生态环境资源信息并加以整理的工作很少，因此需要从各种现有资料着手进行信息收集。地区整体现状信息一般信息密度较低，难于马上捕捉到地区生态环境资源的特征。在这种情况下，在整理以地区整体为对象的信息时，从地区的历史变迁中抓取特征是非常有效的方法。而关于当地历史变迁的信息主要来自文献资料。信息的内容包括自然和社会环境、农业生产环境、生态系统、水文环境、景观等方面。

对于农业生产环境，为了了解开展环保型农业的可能性，应通过农业普查等资料了解目前的农业环保措施实施情况。

对于生态系统，为了了解地区整体中应实施重点保护的区域，应从现有的生态系统调查结果等中了解珍稀物种和代表物种的分布情况。特别是河流、水渠、农田、蓄水池等空间的连续性对有迁徙习性的生物而言是非常重要的生息繁殖条件，充分考虑这些生物的移动需求是建立生态有机循环网络的必不可缺的要素，应该尽可能全面地收集相关的信息。

对于景观，为了了解农业生产活动和村镇生活中必不可缺的景观要素及其形态协调性，应该通过土地利用图等了解村落的布局形态和社区内的树林分布情况等。

2. 生态环境资源的整理方法

（1）基于历史变迁的资料整理

整理以地区整体为对象的生态环境资源时，通过该地区的历史变迁来捕捉特征通常较为有效。通过选取既有文献中该地区在历史转折期中发生的事件，比较事件前后的空间信息，解析信息的意义，加上对现状情况的分析，就能找出现有生态环境资源的特征。通过将空间信息放在时间轴上进行整理，农业基础设施在该地区的自然及社会环境、农业生产环境等的变迁中产生和变化的过程就被赋予了历史意义，这对以整体地区为对象的生态优化目标设定是非常重要的思路。

为了了解当地的历史变迁，可以从行政部门的文献中抽取各个年代的生态环境资源信息并用表格整理出来。了解历史变迁中的历史转折期很重要，可以以这些时间为中心梳理前后的有关信息，比如开垦新田、配合农业机械化实施农地整治的时间等。此外蓄水池多修建于现代，这种有着丰富生态的小型水域与过去的湿地生态系统有着密切的关系，因此关注与蓄水池相连的生态系统网络也非常重要。

此外，还可以收集历史地形图和过去的航空摄影来推断以前的地形以及生态环境等，了解农田整治和城市化进程对于了解地区环境的时空变化也有帮助。通过比较过去和现在，将其整理为可以从视觉上直观理解的资料，就可以了解在地区生态系统、水质、景观等环境变化的背景下，土地使用情况是如何变化的，农业和环境整治是如何发展到现在的局面的。

（2）生态环境资源现状的整理方法

在探讨生态优化的目标时，参与规划的各主体应该就地区的村镇环境现状达成共同的认识和理解，因此，把资源环境信息整理得直观易懂非常重要。在整理现状信息时，可以根据与农业生产基础的关联性，从各种生态环境资源中选出富有当地个性和特征的内容，分类整理到图纸上。一般来说，关于自然和社会环境、农业生产环境、景观等的信息比较完善，电子数据丰富，但水文环境、生态系统等的信息资料整理不周全，这种情况下就要从文献资料等开始收集，把重要的信息绘制到地图上或整理成图表。

把收集到的包含和不包含位置信息的环境信息一起整理，可以通过其关联性来了解这个地点的特征。比如说，不包含位置信息的"生态系统"的相关信息，通过查找与有位置信息的"水文环境"的关联性，可能可以读取到有特色的生物与该地区的生态环境之间的关联性。此外，也要根据参与的各主体的意见，增加一些必要的信息。必要时还可以就生态环境资源之间的关联性对环境学者和历史学家等进行访谈调查。

（3）分类整理和分析环境信息的方法和注意事项

① 自然和社会环境

有关自然环境的信息包括很多方面，例如当地村落、农田的条件等土地使用信息可以用作基本信息进行分析整理，并与其他环境要素进行对比。位于平地的村镇，村落、水渠、水田等的布局多与冲积平原的微观地貌相关，根据地理信息系统的等高线数据制作微观地形图，就可以了解当地农业和村落的构成逻辑。对于山地的村镇，地形对农田和农业村落的布局影响则更大。

土地利用多与自然环境密切相关，但村落所在的位置及其城镇化的进程多与当地交通的发达程度、第二产业和第三产业的布局等社会环境要素密切相关。因此，也要从上述角度将与地区农业生产基础密切相关的信息整理成图表，综合分析村镇与其所处环境的关系。

② 农业生产环境

与生态优化有关的农业措施，一般包含环保型农业支持政策、农业生产基础设施优化、配套的管理方法的制定等方面。因此，将对象地区的农田分布情况、环保型农业的实施现状和环保农户的分布情况等整理成图表，就可以从地理位置上分析实施环保型农业的可能性，并根据其特征探讨优化规划的目标和制定相应的管理方法。

③ 生态系统

村镇环境中存在着多样的物种，由于其周围的自然环境和农业生产活动不同，每个地区的代表性物种和生态系统也各有不同。在制定保护村镇社区生态目标时，应该关注物种多样性和生态系统的多样性等地理特征，特别要关注位于食物链上层的物种、当地的典型物种、珍稀物种、外来物种等的分布情况。

农田作为典型的次生自然环境，在每个地区均呈现不同的生物多样性特点，因此需要重点了解当地农田的生态特点。此外，还应该从地区整体视角分析该地区的生态系统，例如可以把地区整体的环境要素（气候、水域、土地利用、植被等）与农业基础信息（土地利用情况、农地区划形状、引排水条件等）、生物的生长繁殖信息，通过图纸组合重叠等进行相关性分析。

④ 水文环境

河流和水渠、蓄水池、泉水等水文环境对营造村镇景观起着重要的作用，同时也是鱼类、两栖类、鸟类的重要栖息地，对于保护生物多样性、保护和营造生态循环系统尤其重要。因此，可以用标有基础水利设施的地形图作为底图，分析河流和水渠、水渠和农田、蓄水池和水渠之间的水域连续性，筛选出适合设置鱼道和生态保护区的重点区域。

⑤ 景观

农田和村落的位置是构成村镇景观的重要因素，在了解其特征时应该注意该地区在历史上的规划建设理念。这些理念反映了规划构成地区景观的耕地形状、利用构成景观背景的山峦湖海等空间时遵循的规律，这些规律经过了时间考验，适应该地区的气候及风土人情，值得重视。在了解和整理这些理念以及构成景观的代表性要素时，同样可以将有关内容绘制到地图上，制作从视觉上快速捕捉景观特征的分析图。

7.3 制定生态优化规划目标的方法

为了促进各类主体参与村镇生态优化，应该明确并共享一个能体现地区特色的有个性的优化目标。

1. 目标的设定

在实施村镇社区生态优化时，由于地区整体环境多种多样，居民的价值观也各有不同，因此要设定一个全体居民都能一致认可的目标，并用具体的文字把目标表达出来并不容易。作为地区整体的生态环境象征，这个目标应该要能引起人们的关注，其中的保护对象能引起共鸣，为进一步制订规划方案和展开各项活动提供原动力。一般来说，可以把生态学意义上的珍稀动物、该地区生态系统的代表性动物、与居民息息相关的水资源、与居民有深厚感情联系的景观等带有当地独有的生态或地区特征的生态环境资源作为目标制定的出发点。

以与居民息息相关的水资源为例，如果选用当地的河流或湖泊、从中引水灌溉的农业水利工程（包括历史悠久的水渠、梯田）等作为生态优化目标制定的主题，就能激发当地居民的共同记忆和情感，比较容易得到认同。

2. 辅助主题的设定

同时，应该设定与目标相匹配的辅助主题来进一步明确实现目标应采取的措施和项目的方向性。如果说目标是推进生态优化规划的蓝图和路标，描绘了该地区未来的风貌、指出了行动的方向，那么辅助主题就是根据整体区域内的某一个小区域的环境、社会及经济情况，设定能让人想起生态优化举措的具体的小主题。因此，辅助主题可以定位为连接目标与实现目标所需的具体措施之间的桥梁。

3. 设定目标以及辅助主题的流程

首先，要对当地的生态环境资源要素进行筛选，制定几个目标的候选项目；然后再选定参加探讨的人员构成，设置社区协商会；社区协商会再进行讨论，经过成员的同意完成目标和辅助主题的制定。在设定辅助主题时，需要先综合分析该地区在整个地区里的定位和生态环境资源等，再设定既能推动当地生态优化和地区建设，又能激励人们投入相关活动的主题。

7.3.1 筛选整理制定目标的素材

为了科学制定目标，应该广泛地收集地区生态环境资源相关信息，从中筛选作为生态优化目标的素材。此外，还应该了解该地区已开展的环保活动和政策等，就其内容（环保主体、保护对象、规定的范围等）、目前为止的执行情况、未来的计划、各种政策的关系等进行整理。

1. 从地区生态环境资源中抽选

为了制定目标，应从现有的文献中收集关于地区生态环境资源的信息，再从信息中筛选出地区整体可以共用的目标素材。具体而言，可以从现有的文献和调查数据中收集有关地区的自然社会资源（地形、河流、土地利用现状等）、农业生产环境（主要农作物、环保型农业推进情况等）、生态系统、水文环境、景观等的信息。为此要详细查看当地的上位规划等当地行政部门已经制定好的规划中与环境相关的部分。

在收集信息的阶段，不必过度在意哪部分是整个地区的共性问题，只要注意广泛全面地收集该地区内所有的信息，根据需要也可以直接对该地区有关人员实施访谈调查。此外还要向城市居民、环保团体等区域外的相关人员了解如何评价该地区的生态环境资源，以便发现在地区内部难以注意到的生态环境资源。

2. 整理地区已实施的环保举措和活动

与环保有关的活动除了包含保护和优化农田、水环境等的措施以外，还有由环保类的NPO开展的保护珍稀动植物的活动、由农户进行的环保型农业实践、农业生产法人等开发销售地区品牌农作物的活动，以及由当地行政部门举办的城乡交流活动、当地制定的特色农作物认证制度、实施的特色农作物种植支援项目等，种类繁多。对于这些主要活动，应该就保护对象、活动主体、活动范围等进行整理，了解该地区有什么生态环境资源、居民关心什么、在考虑地区建设中可以利用哪些生态环境资源等情况。

如果能将保护地区生态和景观与品牌农产品的销售，或者与生态环境教育结合起来，就能更有效地利用地区特色的生态环境资源，以生态优化为契机推进地区建设和乡村振兴。基于这一视角来整理地区已实施的与环保有关的活动是一个非常有效的方法。此外，利用当地使用过的厂房等建筑建造观光设施，使曾经盛行过的产业与观光业的发展相联系，以及挖掘一些当地居民容易忽视的地区生态环境资源，并使之与地区未来的建设发展相联系，也非常重要。

7.3.2 确认参与目标制定的主体

为了扩大项目影响力和促进公众参与，从目标的制定阶段起就应该动员各类主体共同参与到制定目标的工作中。

1. 确认制定目标的参与主体

在设定目标阶段，应该对地区整体的生态保护情况和问题有一个大体的了解，并就此设想参与村镇社区生态优化的主体。此时首先要了解现有的当地组织的活动概况，然后就各主体和环保活动的关系、对生态保护的关心程度进行调查，再根据各主体的能力、经验、资源等来确认今后参与项目的可能性。

2. 确定交流意见的场所

在探讨目标时，应该有效利用现有的项目推进会等组织，并根据当地的情况设立一个可以促进多主体达成共识的组织，例如社区协商会等。在社区协商会上探讨生态优化目标，参与主体可以包含农户和居民、农业团体、熟知该地区环境的团体、研究当地环境等的专家、熟悉农业社会经济形势的专家学者，以及与环保活动有关的NPO等。此外，各类对今后的地区建设可以提供有益建议和支持的人员和团体都可以参与其中。

在选定参与主体前，可以事先从当地行政部门收集各类环保NPO在该地区开展环保活动的相关信息并进行整理。在推进协商的过程中，必要时可以吸收新的环保NPO等团体作为成员。为了避免讨论结果和决议被推翻重来，在初期应该慎重地通过讨论进行成员的选择。

3. 根据地区情况选择参与主体

在选择参加主体时，还应立足于该地区现有的环保政策执行情况以及生态系统特点来进行。例如以国家项目为契机开展的环保活动，一般来说会由相应的管理部门、国家单位主导，并可能已经设置了由当地行政部门和当地居民等为中心构成的社区协商组织。在制定以河流流域等为单位的水质保护和优化目标以及农地的保护和优化目标时，都应尽量与现有的协商组织合作，并设置可以就村镇生态优化规划中的环保措施进行讨论的固定场所。

除了国家项目，也有以社区街道、河流流域的管理会或环保型农业团体等为主导开展的环保活动，因此可以根据具体情况寻求协作，高效选择参与主体。而为了能在未来更好地推广生态优化的措施和经验，也可以适当提升目标和愿景的范围和层次，并邀请专家学者和企业一起来参与目标制定。

7.3.3 确定目标的步骤和要点

如果从生态优化目标制定的初期阶段开始，参与主体之间就能够对需要探讨的事项进行信息共享，在加深对目标的理解的同时带着主人翁精神参与目标的制定，那么今后也就会积极地参与到规划的实施中去。在设定目标时，应该以社区协商会为中心进行磋商，同时在必要时要与社区协商会以外的人员进行协调。在设定目标时，参与主体之间可以按以下步骤达成共识并推进目标设定进程。

1. 明确应该探讨的事项并共享认知

首先要明确制定目标的目的，以及为此所需的工作内容。在社区协商会的参与主体中，对生态环境理解的出发点可能各有不同，例如有的希望提高农业生产效率，有的则关心保护珍稀生物等。因此，如果只是单纯地听取参加者自由表达意见和要求，有可能无法达成共识。磋商的第一个步骤应该是明确包括制定生态优化目标的目的、相关步骤和内容、可能的实施手段等相关事项的范围，让参与者在框架内发表意见和想法，从而找到全体参与者共同的优化目的。

2. 明确参加者的共享愿景及各自承担的职责

作为磋商的第二个步骤，应听取参加者各自对农业生产以及开展保护珍稀物种活动等的愿景，相互理解对方的立场，形成能共享的理念、对现状问题的认识和对未来愿景的展望等信息。通过各方参加者对未来的展望可以对设定生态优化目标有所启发，也是发现推动地区建设人才的机会，比如从中发掘提供良好的规划建议的人才、推动项目实施的中坚骨干人物等。

此外，事先准备好讨论内容的一览表有助于更好地共享和记录商讨的信息。例如，通过整理现在已经在开展的生态保护活动和10年后的优化目标等，有助于了解各个参与者已经在参加的同类活动和面临的问题，发现现状与今后拟开展的工作之间的关联性。

3. 设定目标以及实现目标的辅助主题

磋商的第三个步骤，首先是从生态环境资源中找出多方有共鸣的候补选项，然后根据各主体设想的未来愿景拼合出当地的生态发展蓝图的候补选项，通过候补选项的组合则可以设定目标，并制定宣传目标的口号和标语。

候选标语中如有与乡村振兴或环境保护相关、并能较具体地体现出当地工作的方向性的内容，可以将其作为辅助主题。在设定辅助主题时，应立足当地的生态环境资源分布等情况，可以按照行政部门的空间划分来设定，也可以按照当地的自然资源、农业和生活环境、历史和文化等来设定。在探讨辅助主题时，还应对该地区的相关人员做访谈调查，寻求当地各方的认可。

7.4 制定生态优化目标的注意事项

为了实现村镇社区的生态优化目标，应该设想好生态优化的具体项目清单和实施主体，并以此为基础设定实施日程和实现目标的进程。此外，灵活有效地利用地区内现有的组织，构筑多主体共同参与的推进体制也非常重要。

1. 设想目标的实现进程

为了实现目标，应该研究和讨论对应于各个辅助主题的具体的项目清单，例如与国家其他规划关联的生态优化措施、各种补贴方案的制订、地方自治的管理措施、与NPO等的合作方式等。讨论项目清单时还应该梳理当地行政部门的乡村振兴计划和环境保护计划，寻求在实施项目内容方面的融合。因此应与当地行政部门保持密切的联系与合作。在讨论项目清单的同时，也要通过梳理与现有的组织和活动的关系，明确负责各项任务实施的主体，并在此基础上设想实施的日程以及实现此项目标的进程。

2. 构筑实现目标的体制

为了实现目标，还需要有效利用现有的农田、水环境的保护组织和协商会等，以地区内已经在实施的活动为基础，对应辅助主题构建能推进多方主体参与的体制。在构建体制时，可以通过发挥相关人员的兴趣关注点和专长等提高目标实现的可能性，因此应该明确各方合作的优势，并通过体制化来强化优势。

7.4.1 促进目标实现的注意事项

在探讨村镇社区的生态优化目标时，应正视进行实地调查时可能面临许多困难，首先就生态环境资源以及环保措施等充分收集现状信息并作整理，通过文献和访谈调查提取有地区特征的环境要素，从中提炼能作为优化目标的素材。具体而言，过去的生态环境优化措施常关注某一个问题而欠缺整体性的视角，在如何推进地区整体的生态保护方面不够充分。对景观方面的考虑也多停留在考虑基础设施的颜色样式等问题，未考虑如何确保良好的农业生产条件，并使之与景观相协调、如何灵活有效地应用当地多样的生态环境资源等问题。

因此，应该充分了解地区的生态环境资源，在此基础上考虑如何保护现存的良好环境等，将村镇社区的生态环境优化作为地区整体保护和建设的一部分来考虑，制订综合性的长期生态环境优化方案。此外，现有的生态环境优化方案很少考虑与当地正在实施的环保措施的协调，为此应该充分利用已实施的环保活动，高效提取有地区特征的环境要素，并提炼地区共同的生态优化目标。在具体设定生态优化目标时，还应注意以下几点。

（1）让居民将生态环境保护视为己任

制定生态优化目标是确定保护对象生物，以及选择有利生态优化的施工方法的基础，因此要和探讨土地利用规划和农业生产计划一样，让包括农户在内的当地居民将其视为己任，在目标制定、调查、方案制订的各个阶段共享信息，慎重地进行讨论。

（2）了解各种相关规划和当地的需求

在设定具体的生态优化目标时，要参考当地行政部门制定的各类规划等中的中长期环境保护方针，并通过文献调查、现场调查、对不同年龄层居民的问卷调查、访谈调查、举办体验型交流会等，明确当地现在和过去的生态环境情况，同时了解当地居民心目中理想的生态环境面貌。

（3）有效利用调查的结果

问卷调查及访谈调查中得到的信息虽然是碎片性的，但如果过去没有进行过针对生态系统的专项调查，这些信息仍然非常宝贵。在此基础上加入专家学者的意见，就可以让结果成为在推定当地能够生息繁殖的物种时的有效参考。

（4）根据专家学者的指导和建议来设定目标

在设定生态优化目标时，可以参考专家学者的指导和建议，避免设定实现起来非常困难的目标，以及可能破坏当地生态系统平衡的目标。

（5）根据社区达成的共识设定目标

根据调查得到的结果，对包括农户在内的当地居民的意见，专家学者给出的关于生态系统和景观的指导建议进行逐一检查，最终让当地各主体形成共识，在此基础上设定环境保护的目标。

7.4.2 结合生态优化与地区发展

1.设想实现目标的项目清单

在探讨项目清单时应该立足于目标以及辅助主题，将村镇生态优化相关的基础设施优化（硬件清单）和为了促进建设有活力的社区的相关活动（软件清单）结合起来讨论。讨论清单时还应该结合行政部门的环境保护和乡村振兴等计划，通过与当地行政部门的协商调整项目清单。

在社区协商会中，为了实现目标，探讨辅助主题和相应的项目清单时应该将村镇生态优化相关的设施优化（硬件）清单和促进社区建设的相关活动（软件）清单结合起来讨论，并使之尽量与当地行政部门等的现有的计划相符合。在探讨的过程中，首先应就辅助主题从村镇生态优化的总体内容中选出可能起作用的设施优化清单。这个阶段无须确定优化的详细内容，只需要就保护农业用水的水质、保护珍稀生物等方向性的问题进行大体的探讨。

此外还需探讨与上述清单有关的软件清单。为此应该从当地行政部门的现有规划中，或通过对规划负责人的访谈调查筛选出当地已在实施的环保措施，基于此设想新项目的实施主体和软件清单。此外，项目清单应该与当地行政部门的措施相配合，因此要与行政机构进行充分协商，并进行清单的调整。这个阶段的设想项目清单只需要注意保持与其他项目的关联性，并明确清单之间的关联性，以促使协商会上的磋商能较为顺利地进行。

2. 硬件与软件的结合

在上述基础上，可以根据对当地行政部门既有规划的梳理和对当地行政部门的访谈调查结果，把村镇生态优化规划的硬件清单与软件清单结合起来讨论。以下为几个软硬件结合的范例：

① 为了保护和营造生物活动空间网络实施的水渠优化，与在水渠生态环境中实施的环保型农业以及农产品的品牌化项目相结合；

② 保护整修有历史价值的农业基础设施、营造亲水空间等，并以这些设施为交流据点，与发展环保休闲旅游业等措施相结合；

③ 进行面向景观优化的水渠整治，并与促进社区交流的居民共同维护管理活动相结合。

3. 与乡村振兴的结合

通过灵活利用有地区特色的生态环境资源，可以发挥地区的潜力，还可以与个性化的地区建设联系在一起。因此在探讨生态优化项目清单时，可以从激发地区活力和促进城乡交流等角度，结合乡村振兴战略进行探讨。

（1）激发地区活力

通过灵活利用地区生态环境资源，可以产生改造村镇面貌、激发活力的效果。例如利用生物质资源开发创新产业、创立农产品加工与直销的社区产业、发展满足人与自然交流需求的绿色环保旅游业等，都有利于实现村镇第三产业的发展。

（2）促进城乡交流

为了促进城乡交流，应该积极把村镇的魅力传达给城市居民，在增加从城市前来落户的人口以及交流的人数的同时，在村镇发展中导入来自城市的活力。例如，可以在城乡交流中通过设置市民农园和农户民宿等设施，让城市居民体会村镇的魅力；而提升社区的开放度，接受城市居民一起参与社区建设也非常重要。此外，可以在输出村镇特产和传统文化、将地区生态环境资源品牌化的过程中，通过与城市合作培养和发掘相关人才。

4. 各行政部门的合作协同

村镇社区生态优化的项目清单可能会牵涉若干个当地行政部门，因此相关部门之间应该相互联系、合作分工。例如，相关的几个当地行政部门一起合作实施与城乡交流相关的软件内容，不仅能共享信息和物资，还能通过对各个观光区域的一体化统筹增加客流量。因此要积极推动合作，提升优化效果。

7.5 通过公众参与促进目标的实现

为了让生态优化的目标在村镇社区中得到充分认识并确保相关的生态优化措施能持续实施，应该以项目为契机，促进有关人员的共同参与。公众参与相关方法的选择可参考上篇5.4节，并注意不同阶段的工作重点。

1. 制造契机，促进参与

在探讨优化目标的初期阶段，应该利用各种交流方法，推进能发现地区生态环境特点以及相关问题的活动，引起相关人员的共同关注。同时还应根据当地的社会特点与各种交流方法的特点等，选用适当的方法来推动进程。方法的选择应该以参与的主体与要探讨的内容为根据，但无论选用何种方法，应关注不偏向特定的人群，而要促进各方面的人广泛积极地参与讨论。

2. 共同行动，达成共识

在项目后期的实施阶段，应让居民将地区的生态发展目标视为己物，并自发采取行动。为了加深各方人员对目标的理解，还要利用各种方法提供必要的信息，并根据当地的特点，利用各种方法促使达成意见共识。

此外，为了达成目标，还应构建公众参与相关组织并有目的性地提升其效果。

7.5.1 构建公众参与组织的要点

设定村镇生态优化目标时，构建公众参与型的组织非常重要。构建组织时，应该在多主体参与的基础上，有意识地培养能够达成同一目标的集体，总结各主体的意见，并向行政机关转达和报告。组织构建的要点整理如下：

1. 利用多种手段开展宣传活动

通过与各类团体的合作，开展大范围的宣传活动，创建汇集多方主体的组织。此外，形成所有主体都能分担部分职责的组织形态也很重要。

2. 了解现有组织的特点

各种组织有各自不同的成立目的和不同的擅长领域，每个组织的活动规模与成员联系的紧密度也不同。在构建组织之前，需要确认当地现有的各类组织团体的活动情况。

3. 根据目标营造组织

结合构建新组织的目的，巧妙地与现有组织的优势进行整合，建立最有效的人员结构，而组织外部专家和NPO等也能够帮助提供信息。基于对现有组织的了解，应建立一个尽量全面的多主体组织。

4. 建立组织的支援体制

为了顺利推进组织建设，行政部门的支持必不可少，相关负责人的协助对于促进居民参加活动也至关重要。即便行政部门本身不参加组织，随时对其汇报活动情况，也对建立持续的组织支援体制非常有益。

5. 灵活应用组织构建原则

以下为构建公众参与型组织的十大原则，可在实际工作中灵活应用：

① 构建反映当地居民意见的民主组织；

② 有效发挥现有组织的作用；

③ 不但要收集各家户主的意见，还要了解老人、儿童等各年龄段居民的意见；

④ 有特长或者有专业知识的团体要发挥应有的作用；

⑤ 寻求行政机构的各种支援，如提供地区资料、上位规划，介绍专家等；

⑥ 及时向全体居民提供组织活动的信息；

⑦ 与其他地区的组织保持良好的交流关系；

⑧ 不涉及利益问题；

⑨ 将居民身边的问题总结提炼为社区整体的问题；

⑩ 为了顺利推进运营，充分考虑组织活动的趣味性。

7.5.2 提升体验交流会组织效果

为了推进基于村镇社区生态优化的地区建设，组织与地区联系密切的体验型交流会是非常有效的方法。例如为了促进地区内景观营造的可持续性，让当地居民认识到地区景观就是地区资源的一部分非常重要。为此，可以组织当地居民，当地行政部门、环境相关的NPO，当地的学者、研究机构人员、历史学家、环境顾问等主体参与对地区景观的历史意义的讨论，努力达成地区内的共识。规划的负责单位也应该在社区协作会等场合就景观的优化方案寻求各方的建议，并对各种意见进行梳理和整合。

此外，还可以通过研讨会等寻求对地区景观价值的认识和景观审美意识的提升，在项目建成后也要持续开展以社区为主体的景观管理活动。作为培养地区自治精神的一部分，在开展调查和进行施工时，应增加让居民参与工作的机会，增进居民对景观优化方案的理解，建立对相关设施等的亲切感。这对让居民掌握今后维护地区景观的相关技能，提升相关的组织能力等都非常重要。

在与当地居民等共同协商景观优化方案的研讨会上，重点是要向居民详细阐述地区景观的现状、景观优化方案的意图，以及作为优化对象的基础设施的耐久性、管理方案的利弊等，从而了解地区对项目的总体意见。在研讨景观的维护管理体制时，考虑当地居民会如何使用相关设施也非常重要。为此，可以根据实际情况，将与景观设施的使用相关的组织或主体纳入管理主体。

1. 举办体验型交流会的意义

体验型交流会是在规划项目的进行过程中，各类参加者自主开展的学习交流会。当地居民可以在交流会上一边听专家的建议和指导，一边思考并发表自己的意见，将自己作为推进规划方案制订的主体来看待。通过交流会，举办者与当地居民可以融为一体，反复交换关于生态优化的必要性和居民参与的维护管理方案等的意见，这也为生态社区的建设奠定了基础。

此外，在这个过程中，居民不但会对项目参与产生真实感，还会获得不分年龄和性格的共同交流体验，对于建立规划负责单位与当地居民之间的信赖关系也有重要的意义。

2. 体验型交流会的原则

体验型交流会的举办应重视以下四项原则：

（1）在愉快的氛围中进行

体验型交流会的可持续性非常重要，因此要营造一个让参加者可以放松地、愉快地、有兴趣地参加的氛围。可以根据交流会的目的、规模以及参加者的特点，设计营造愉快氛围的方法。

（2）寻找社区建设的新契机

即使是平时不经意走过的地方，和大家一起重新观察审视时也许会发现其新的魅力。此外，大人和孩子、男性和女性看问题的角度常常不同；自己认为是理所应当的事情，在别的人看来却可能不同寻常。这种"你教我，我教你"的氛围会促成找到社区建设的新出发点。

（3）营造集体归属感

在体验型交流会上，无论儿童、老人、男性、女性，大家可以围绕一个主题进行民主讨论。体验会不仅以解决问题或对某个问题达成共识等单一目标的实现为目的，也应该注重营造大家聚在一起非常愉快的集体归属感。

（4）自由地交换意见

交流会上的讨论不应偏向某个特定的观点，大家应能够平等、积极地提出自己的意见。此外，应注意营造即使观点不同也要互相包容、站在对方的立场上思考问题的氛围。

8 生态优化相关信息的调查

8.1 生物信息调查

8.1.1 调查步骤

收集生物生息情况和生态环境的基础信息等,在明确值得关注的生物的生息情况和生物空间活动网络的同时,预测规划项目对生态系统的影响。

1. 调查目的

调查的目的在于预测和分析规划项目对生态系统影响的同时,获取避免和减少规划项目对生态系统影响的必要信息,并探讨相关对策。此外,为了保护生态系统,还需要了解影响生物生息的外在因素和外来物种的生息情况。

2. 调查步骤

(1) 实施粗略调查

通过现场调查、文献和访谈调查、对当地各类规划和上位规划的资料收集,了解地区生态环境的概况、当地居民对生态环境的态度等。此外,还要了解已有的经过生态优化的基础设施的使用情况及其效果的发挥情况。

(2) 设定生态保护的大致目标

在粗略调查的基础上,描绘地区未来的生态环境蓝图,制定生态保护的大致目标。

(3) 选定值得关注的生物

明确受到规划项目影响的生态系统中的代表性生物,根据其在生态系统中的指标性（上位性、典型性、特殊性、稀少性）及其与当地历史文化生活的关系等，选定值得关注的生物。

（4）制订详细调查方案

了解值得关注的生物的生活空间网络以及规划项目对其的影响，确定需要实施详细调查的内容和范围，制订详细调查方案。

（5）实施详细调查

根据详细调查方案，详细调查生物生息情况和生态环境的基础信息，在明确值得关注的生物的空间活动网络的基础上，预测规划项目对生态系统影响的内容和程度。

8.1.2 实施粗略调查

通过现场调查、文献和访谈调查、对当地各种规划和上位规划的收集，了解包括地区生态环境的概况，同时整理地区生物的相关信息等。

1. 粗略调查

粗略调查旨在收集地区生态环境的相关信息，了解地区生态环境的概况，同时收集整理生物的相关信息等，为进行有重点的详细调查做准备。

2. 粗略调查内容

粗略调查以现场调查、文献调查、访谈调查为主，辅助性地实施一些生物调查、问卷调查等，以了解地区环境的概况和整理生物的相关信息。生物调查在文献调查信息不足时，还需要确认文献没有记载但通过访谈调查获得的稀有生物等的信息。在汇总时，按鱼类、两栖类、昆虫类等生物群分门别类地制定生物种群名录，特别注意标注稀有生物和外来生物，归纳成图表。

此外，在准备对既有基础设施实施优化的地区，如果自然环境已经遭到破坏，通过对老年居民的问卷调查了解当地过去的情况非常重要。

（1）了解当地的环境概况

要了解当地自然环境、农业、历史文化的特点，除了从行政部门的各类规划、生态环境保护相关条例等中寻找资料以外，还需要从土地使用和基础设施更新的有关资料中收集信息。对于外来物种，也需要根据现场调查和文献调查等，了解其在周边地区的分布情况，存在入侵和分布范围正在扩大的物种时，还需要整理其入侵地区的路径等。

（2）整理地区生物相关信息

为了有效地用于帮助选定值得关注的生物，除了整理在该地区生息的生物，还需要整理它们生息的湿地和绿地等生态环境的基础信息。

（3）评估规划项目的影响

为了用于选定值得关注的生物的和制订详细调查的方案，需要集合对规划内容的预想和地区生物信息，评估规划项目对生态系统的影响。表8-1梳理了常见的规划项目对生物活动可能带来的影响。

表 8-1 规划项目对生物活动的影响案例

工种	整治内容	影响的内容	受到影响的生物
水渠优化	与水堤、河床间的高差	过大的高差导致水渠生物移动路径的中断	鲇鱼、鲫鱼、泥鳅、鳝鱼等鱼类
	改建护岸	护岸导致的水渠和陆地间生物移动路径的中断	哺乳类、两栖类（蛙类等）、爬虫类（龟类等）
		混凝土化导致的巢穴、隐蔽处、产卵地和生长地的消失	鱼类、萤火虫、水生植物等
	改建底部	混凝土化导致的底质变化	鸟类、底栖植物、水生植物等
		饵料生物的减少	鸟类（鹭类等）
		水渠内的泉水等消失	以冷水域为生息地的多刺鱼等
	改建通道	剖面内部平滑导致生息环境的丧失	蝙蝠类
	无变化的剖面形状	水渠流速的增加	游水能力差的鱼类
农田优化	区域优化	表土剥离导致的直接影响、田埂面积的减少	以水田为越冬场的蛙类、在田埂畔度过蛹期的水生昆虫等
	水渠分段	水渠与农田间的断坡导致生物移动路径的中断	逆流而上在水田产卵的鲫鱼、泥鳅等鱼类
	整治排水暗渠	水田干化导致的水塘的消失	早春产卵的蛙类、鱼类等

续表

工种	整治内容	影响的内容	受到影响的生物
蓄水池优化	填埋蓄水池	生息环境的缩小和消失	在蓄水池生息的一般动植物
	改建护岸	护岸垂直化导致的水陆间生物移动路径的中断	两栖类（蛙类等）、爬虫类（龟类等）
		护岸混凝土化导致的蓄水池内产卵地和生长地的消失	水鸟、鱼类、水生昆虫类、蜻蜓类、水生植物等
		覆盖蓄水池的树林遭砍伐导致的产卵地消失和生息环境恶化	蛙类、鱼类等
	疏浚藻类	去除水池底植物导致的物种影响	鱼类、水生昆虫类、底栖动物、水生植物等
农道优化	整治农道	车辆通行导致的农道损坏	哺乳类、爬虫类、两栖类等
	设置路旁排水沟	农田树林间的生物移动路径的中断	爬虫类、两栖类等

（4）了解当地居民的意见

为了调查结果能用于生态保护目标和生态优化策略的制定等方面，除使用已有的问卷调查结果以外，还需听取当地行政部门、当地居民代表等人的意见。

3. 当地居民的参加

问卷调查、研讨会、生物调查都需要在当地居民和有识之士等的协助下实施方可保证调查的效果，并让规划项目得到当地居民等的理解和对生态优化工作的支持，同时将生态优化与未来的地区振兴相联系。因此，要利用各种调查的机会，探讨促进当地居民参与规划的可能性。

8.1.3 制定初步目标

根据初步调查的结果，规划项目负责单位与包括农户在内的当地居民齐心协力，初步制定生态优化的目标。

1. 制定生态保护目标的目的

所谓制定生态保护的目标，即为地区描绘未来的生态环境蓝图，以及助其实现的基本设想。基于生态保护目标，包括农户在内的当地居民可以建立对未来地区环境的共同认识，并有助于开展地区环境教育，以及超越规划项目内容本身的生态环境保护活动，提升生态优化措施的互动性和社会效益。

2. 初步制定生态保护目标的流程

根据粗略调查了解到的地区环境概况和当地居民等的意见，就地区的生态系统、景观、历史文化等情况，明确其与农业生产、农业基础设施的交互关系。在此基础上，从长期发展的视角探讨地区未来的生态环境发展蓝图以及对于如何实现蓝图的基本设想，并归纳为生态优化目标。此外，在目标的初步制定阶段，由于生物信息以及对规划项目可能造成的影响的信息等可能尚不充分，需要根据详细调查的结果，在规划方案的制订阶段再进行复查和修正。

3. 探讨生态保护目标时的注意事项

（1）目标应简明扼要

为使整个地区同心合力地推进生态优化项目，让设定的目标对当地居民而言简单易懂非常重要。例如可以将地区象征性的生物选入目标素材，以及将具有当地特点的景观环境要素等作为地区形象代表选入目标素材。

（2）寻求专业人员的指导和建议

实现起来明显困难的目标、会造成地区生态系统失衡的目标不但会给进一步制定生态优化策略造成困难，也难以使整个地区齐心协力地去推进它。因此，针对目标实施的可行性和对生态系统的影响，可以参考专业人员的指导和建议。

（3）努力挖掘地区价值

生态保护活动可能会增加当地居民尤其是农户的经济和劳动上的负担，如果不能明确这些工作对其有何价值，就难以得到他们的积极配合。因此，在初步制定生态保护目标的过程中，对保护地区的生态系统和景观的目标应该提出具体形象的事例，例如地区环境将作为给未来子孙的珍贵财产传承下去、地区的生态优化将关系到农业的机械化发展和促进环保休闲旅游等乡村振兴战略等，这对今后顺利落实目标非常重要。

8.1.4 选定关注物种

对于代表地区生态系统的生物，可以根据其指标性（上位性、典型性、特殊性、稀少性），以及生物与当地居民生产生活的关系，选定最值得关注的物种。

1. 选定值得关注的物种的目的

生态系统的构成非常复杂，在理顺生态系统的全部要素关系的基础上预测规划项目对生态系统的影响，在现实中几乎是不可能做到的。因此，在预测规划项目对生态系统的影响时，关注复杂生态系统中有代表性的生物非常重要。为此需要在地区生息的生物中，选出最值得关注的物种。值得关注的生物的空间活动网络信息还能用作规划和设计时的重点指标，其本身也是规划方案制订阶段确定保护对象生物时的候补。

2. 值得关注的物种的选定依据

可以根据值得关注的生物在生态系统中的指标性、与当地居民生产生活的关系推断规划项目可能造成的影响。对生态系统指标性的判断根据地区生态系统的结构而有所不同，需要在专家的指导意见下进行选定。此外，外来物种可能会对地区的生态系统造成影响。因此，评估规划项目造成的环境改变和制定生态优化策略时，如果发现生息范围正在扩大的外来生物，在预测其对地区的生态系统会造成重大影响的情况下，须另外专门确定需要监测的外来生物。

（1）生态系统的指标性

① 上位性

上位性指位于食物链上层位置的性质。例如，水田地区的鹭类和水田等小规模环境中的鳖类等。这些生物会因为作为其饵料生物的鱼类和昆虫的减少而面临生存困难。因此，一方面，这些生物在地区中的减少说明了饵料生物生息环境的缩小和消失，也就是地区的生态系统资源正在变得匮乏。另一方面，这些生物一般有比较广阔的生息范围，容易受到规划项目以外因素的影响，有时很难界定其生息与规划项目的因果关系。因此，设定时需要将其与其他值得关注的生物（饵料生物等）一起纳入规划项目的影响指标。

② 典型性

典型性指代表了地区生态系统的特点的性质。例如，水池周边的大规模芦苇群落，蓄水池和河流等中的鲫鱼类等生息面积大、种群数量多的生物。这些生物在地区生态系统中发挥着重要作用。例如，如果芦苇群落由于规划项目而消失的话，以芦苇群落为生息环境的多种生物就会受到影响；鲫鱼类如果减少，包括捕食鲫鱼的生物和鲫鱼的饵料生物在内的生态系统的平衡也就会遭受严重影响。因此，用典型性作为预测规划项目影响的指标非常有效。

③ 特殊性

特殊性指依存特殊环境的性质。例如，生息在有泉水的冷水区域的泥鳅和隧道中的蝙蝠类等。这些生物的生息环境维持着生态系统微妙的平衡。如果由于规划项目影响了它们的生息环境，要想恢复非常困难，并可能造成种群灭绝。因此，从生物多样性的角度来看，特殊性是预测规划项目影响的有效指标。

④ 稀少性

稀少性指在全国范围濒临灭绝、受到保护或近年在该地变得少见的性质。因为这些生物已经在当地生存困难，它们对环境变化的反应也就更为敏感。如果这些生物从地区灭绝，生物多样性就会减少，地区的生态系统会缩小或消失。因此，稀少性在预测生物多样性和对生态系统的影响两方面都是有效的指标。

（2）与当地居民的关系

对于与当地居民生产生活关系密切的生物，居民的兴趣和关心度会更高。因此，可以从昆虫捕捉、垂钓活动以及当地特色食材等的角度选定与当地居民生活息息相关的生物。而选定当地居民保护意愿强烈的生物，也容易获得居民对生态优化工作的理解和协助，所以当地居民的意愿也是选定生物的重要出发点。

（3）需要监测的生物（特定的外来生物等）

当确认存在与选定的值得关注的生物存在竞争关系，有可能替代其种群生物地位的外来物种时，需要选定并监测这些生物，精准了解其生息情况，并根据需要制定驱除和防止入侵的相关对策。

8.1.5 准备详细调查

为了了解规划项目对生态系统造成的影响，合理获得保护生态系统所需的信息，需要制订旨在收集值得关注的生物生息情况和生物活动空间网络信息的详细调查的方案。

1. 详细调查方案的制订目的

在了解规划项目对生态系统造成的影响，探讨避免和减少对生态系统影响的对策时，对所需信息进行有的放矢的合理详细调查非常重要。因此，要根据粗略调查的结果和初步制定的生态保护目标，明确需要详细调查的项目，整理形成详细调查的实施方案。

2. 详细调查方案的制订及其注意事项

为了收集值得关注的生物的生息状态和空间活动网络有关信息，要根据专家等的意见，明确必要的调查项目和范围，制订详细调查的方案。

（1）调查项目

从值得关注的生物的生息情况（个体数量、密度、种群分布等）和空间活动网络的情况（产卵地的范围、水深、流速、植被等）出发选择和设定调查项目。例如，规划项目造成的影响除了蓄水池施工时的放水造成直接的鱼类减少外，还会有间接的影响，如护岸的改造造成水草消失，进而导致鱼类的减少等。因此，调查项目不仅要考虑生物的生息情况，还要考虑生物的空间活动网络与规划项目的关联性，例如设定对生物生息重要的浅滩的位置和面积等。

（2）调查的范围以及地点

按调查项目设定调查范围。在选定的范围中设定能获得有效信息的调查地点或路径。生物的移动路径因物种而异，因此，调查范围对移动范围有限的鱼类和昆虫需考虑设想的生息范围；对移动范围广的鱼类等则需考虑移动路径和产卵地等的范围。为了探讨基于生态优化的基础设施的设置场所，还需要了解和梳理生物的生息密度较高的场所和区域。

（3）调查方法

根据值得关注的生物的移动、繁殖等需要的生态环境、水渠的水深、流速等条件，制订获得需要的信息的方法。生物调查的方法多种多样，在选择时，要考虑其目的、精度、可行性、经济性等，并根据现场情况选定有效的调查方法。例如，对水生生物进行调查时，采样生息在水草中的小型鱼类和水生昆虫时，大多适合用小型的捞网进行捕捞；在水深不能使用小型捞网的地方，则可以用置于水中的集鱼灯和笼捕的形式进行捕捞。

（4）调查时间以及次数

在调查方法之外，还需设定合理的调查时间和次数。在设定时应考虑生物的特点和地区的特点，可以特别关注动物在生息环境间进行移动的时间、植物开花结果的时间等。例如通过对鲫鱼类在春天逆流到达水田的时间和水田干枯时期的调查，可以了解鲫鱼来水田产卵的移动情况，以及春天至干枯期的繁殖、成长情况。此外，粗略调查阶段有关生物的信息有时不够充分，为了尽可能确认更多生物的生息情况，将多种鱼类活动繁盛的时间和多种植物开花结果的时间设定为调查时间较为有利。

8.1.6 实施详细调查

根据详细调查方案实施调查，在掌握值得关注的生物的生息情况以及空间活动网络的基础上，预测规划项目给生态系统造成的影响。

1. 详细调查的实施

伴随着详细调查的实施，可能发现计划之外的重要生物和重要的生态环境。此时可以根据需要追加调查项目。

2. 详细调查结果的分析和归纳

（1）梳理分析空间活动网络

根据值得关注的生物生息情况和环境的基础信息，了解其空间活动网络。同时，梳理现在已断裂或消失，但通过生态优化规划可能恢复的空间活动网络。

（2）预测规划项目对生态系统的影响

在所了解的值得关注的生物的生息情况和空间活动网络上，审视规划范围，预测其影响的内容和程度，并分析影响产生的原因。

（3）资料整理

将（1）和（2）的结果整理成包括规划项目范围在内的地区整体尺度的规划图（1∶10000～1∶25000），并绘制包含对生态系统影响较大的重要生物的移动路径、产卵地、越冬场等信息在内的详细图纸，成果应尽量简明易懂。

3. 预测影响时的注意事项

（1）基于多视角进行预测

规划项目造成的影响是多方面的，忽略其中的一个部分就有可能发生不可预期的问题，所以预测应该基于多种视角开展。例如，由于修整水利系统，水渠功能可能从给水排水兼用的形式转换成给水和排水分离的形式，农田与水渠间可能产生高差。除此之外，降雨时水渠中的水流速度会急剧增加，而在非灌溉期水渠可能会枯竭。此时，如果不预测流速的急剧增加和水渠干枯的情况及时期，探讨合适的生态优化策略，即便解决了水田与水渠的高差问题，也难以得到理想的生态优化结果。

（2）影响要素的梳理

生态影响要素的梳理和确定是探讨生态优化策略时应该注意的重点。例如，从土质的水渠变更为混凝土水渠会造成鱼类的生息环境的缩小和消失，而这一影响的产生可能基于以下要素：

- 水渠的直线化和水渠底部平坦化造成的水流流速缓慢的空间变少；
- 水草和水边过渡带的消失造成的产卵地消失；
- 水渠底材质的变化造成的饵料生物的减少；
- 清除水渠内的倒木造成的越冬场的消失；
- 砍伐坡面树木造成的隐蔽场所的消失。

8.2 景观特点调查

8.2.1 调查的步骤

收集有关地区景观的信息，分阶段地对景观特点及项目对景观的影响等开展调查。其中通过粗略调查，可以大体了解区域整体的景观特征；而通过详细调查，可以全面了解拟优化的对象区域周边的情况。

1. 调查目的

调查的目的是在了解地区的景观特点和设计代码等的同时，明确地区景观形成的基调，收集、整理、分析项目对周边景观可能影响的信息和资料。

2. 调查的顺序

（1）粗略调查的实施

在粗略调查中，将当地行政部门等作为主要调查对象，通过文献调查、访谈调查等收集与地区景观相关的规划等，梳理景观构成要素及设计代码等地区景观特点的概况。特别要分析并了解现有地区景观的形成原因。

（2）详细调查的实施

详细调查是在粗略调查的基础上，将景观优化对象区域及周边区域作为调查范围，通过实地调查、访谈调查等方式，了解对象周边的景观特点以及项目对周边景观的影响等。

3. 调查的注意事项

从调查阶段开始，就要有让当地公众参与的意识，在促进对地区景观特点进行重新审视的同时，与有识之士充分合作，推进调查的开展。此外，有关景观的信息常会随天气、季节等时间变化而发生改变，也会因人文和物理信息的交织，形成仅从视觉角度无法解释但富有文化意蕴的空间。调查时需有意识地考虑因为评价视角与观察对象之间的关系变化而形成景观信息变化的可能性。

8.2.2　实施粗略调查

以当地已有的规划方案、调查结果、地图资料等文献资料为主进行调查，根据实际需要，还可以开展实地调查、访谈调查等，以了解地区景观的概况。

1. 粗略调查的目的

粗略调查的目的是收集有关地区景观的信息，在了解地区景观特点的同时，为进一步实施详细调查以及探讨景观优化方案奠定基础。

2. 粗略调查的内容

在粗略调查中需收集地区内已有的规划方案、地形情况、土地使用情况、公共设施等的位置图，以及现有的航拍图、地区景观照片、乡土历史文献等资料，同时还需收集并整理环境清扫、花坛建造等与景观形成相关的地区活动信息。此外，根据需要还可以对当地居民等实施座谈、问卷调查，收集有关地区景观的信息，这对了解当地景观形成的主要因素非常重要。

3. 从当地居民处收集信息

对当地居民实施座谈、问卷调查、研讨会等，有助于全面掌握地区景观信息、了解居民对景观的认知情况以及对设施建设的期望等。此外，可以充分利用与调查相关的各种机会，与当地居民开展合作，加深他们对相关项目、景观优化策略以及未来的地区发展目标等的认知。

8.2.3　实施详细调查

在详细调查中，应基于粗略调查获得的信息，充分了解优化对象区域周边的景观特点，从而预测项目对周边景观的影响。

1. 详细调查的目的

为协调拟进行生态优化的对象与周边景观的关系，需要充分了解优化区域周边的景观特点，同时了解项目的实施对周边景观的影响，研究并制定相应的景观优化策略。为此，在详细调查中，要基于实地考察，通过设定观景的视角，收集并整理景观构成要素、设计代码等详细信息，为实现景观协调提供依据。开展调查时，要明确作为优化对象的基础设施与周边景观的关系，整理可视范围内的所有信息。根据需要也可扩大收集设计代码的范围，并与地区居民进行座谈。此外，还应充分探讨优化规划本身对周边景观的影响，以及基础设施建设的周期，收集必要的信息并开展有针对性的分析。

2. 详细调查的内容

（1）了解优化对象设施周边的景观特点

① 了解优化对象设施周边的景观构成要素

在了解优化对象设施周边的景观特点的基础上，利用粗略调查收集到的地图资料、航拍图等，了解优化对象设施周边的情况。近年来，地图信息和航拍图片信息通过地理信息系统（GIS）实现了在各种领域的广泛运用，因此也可基于GIS获取地形、土地使用情况等信息。通过用GIS将标高数据与航拍图等叠加，建立三维模型，可以直观清晰地显示地形和土地使用的情况。

② 梳理地区资源景观

地区景观资源不仅包括作为观光资源的著名风景名胜地、风景眺望点等景观要素，还包括了当地居民日常使用的场所，以及自古以来就被当地居民所熟悉、亲近的"身边的景观"。在村镇地区，上述景观与地区形象的树立、农产品的品牌化、发展休闲旅游等乡村振兴活动有着密切关联。因此把地区景观资源纳入调查视野非常重要。

③ 分析梳理景观特点

通过现场勘查，调查作为优化对象的设施周边景观的构成要素，为制订景观优化方案收集所需要的信息。

（2）设计代码

在实施景观优化策略时，需要基于景观特点，探讨景观协调的最佳方案。为准确了解景观特点，需了解调查对象的设计代码。所谓"设计代码"，是指景观要素的状态及其组合产生的视觉模式，具体包括景观要素的位置、颜色、形状、材质、生物种类的共通性等。分析设计代码是实施景观优化的重要方法。

① 设计代码的收集

设计代码可以从时间和空间两个维度进行收集。从时间角度看，可以发现其扎根该地区，随时间推移而展现出的不同特点。从空间角度看，不同的视线出发点所看到的景色呈现出的设计代码也不尽相同。在收集地区的设计代码时，从时间和空间两个角度进行双重考虑，有助于全面了解地区景观的特点，进而在基础设施优化建设中实施景观优化。

a. 基于时间角度的设计代码

有些设计代码是自古以来就扎根于该地区并传承至今的，也有些是近几年才引进的。很久以前就扎根地区并传承至今的要素包括石材的加工方式（材质）、堆叠方法（形状）等，这些都是过去的做法原封不动地保留至今的典型。地区景观也因此具有了历史价值。

在近年来形成的设计代码中，存在用与现代设施设计基准相匹配的新技术、新材料再现历史传承的设计代码的做法，这往往会在一个地区形成共通的模式。同时也有没有历史背景，仅根据现代需求、价值观和技术等全新打造的设计代码。在考虑了历史传承的设计代码中，往往会表现出因地区的农业生产生活而形成的景观特征，这也是了解地区景观特点的重要线索。

b. 基于空间角度的设计代码

从空间角度出发，地区景观根据其规模可分为大景观、中景观、小景观。设计代码的分类如下：

·位置：农田布局、村落的布局、基础设施布局、物品的位置和排列顺序等。

·色彩：体现在屋瓦、墙壁的色调、植物的色彩等方面。

·形状：体现在农田的区划形状，道路和水路的形态，屋顶和石堆等的形状等方面。

·材质：体现在石材、木材等自然材料的使用和加工方式等方面。

·生物种类：体现在种植的花木的品种、空间中活动的生物种类等方面。

设计代码可在上述不同的景观规模中得到确认。例如在大景观中，可获得符合地形条件的村落和农田的位置、丘陵和树林的位置模式等设计代码；从中景观可获得村落的民居所共有的屋顶色彩以及屋顶的朝向、形状、住宅周边树林的方位、水路等的形态等设计代码。根据从大景观、中景观中获得的设计代码，可以了解地区景观的整体风貌。而从小景观中，能获取水渠壁等小空间的材质、建筑周边树林的品种、堆石的形态和材质等基础设施的设计代码及其在建造方式上的特点。

② 使用设计代码

通过调查、收集、整理设计代码，就能进而讨论如何使用代码来进行设施的优化设计。一般来说，如果优化的内容是新设的农田、农道和水路等，用大、中景观尺度的设计代码比较合适，如果对是农道、水路的修复和建筑物的建造，则用中、小尺度的景观设计代码更为合适。

色彩、形状、材质三大要素经常被运用在村镇建设中常见的蓄水池、量水堰、泵站、水路及其附带设施的景观优化中。在使用设计代码时，要充分考虑设施的功能、优化的费用以及维护管理的费用等。设计时不仅要参考设计代码，还要考虑使用新技术和材料的可能性。特别是在使用有历史传承意义的设计代码时，要尽可能将设计代码融入现代的材料和技术中考虑。

此外，在设计代码中，颜色对设施功能的影响较小，但从较远距离就能被视觉认知。因此在单体设施的优化中需要重点考虑与"色彩"相关的设计代码。对于建筑物的色彩，根据当地行政部门的景观规划、色彩使用指南，有时可直接获得色彩使用标准和推荐颜色。如果优化对象不属于景观规划等规定的对象范围，也可将这些标准作为参考。在色彩相关的规定中，有的会使用孟塞尔色卡来严格规定颜色，也有的使用"与周围环境调和的颜色""避免刺眼的颜色"等定性的方针来进行规定，要根据实际情况确认要求，并思考应用的方法。

9　生态优化规划方案的制订

9.1　生态优化规划

9.1.1　规划方案的制订步骤

为了在提高农业生产效率的同时保护和优化村镇的生态环境，需要在梳理生态保护目标、生态优化策略、维护管理方案等的基础上，制订村镇社区的生态优化规划方案。

1. 生态优化规划方案的目的

制订生态优化规划方案是为了明确生态优化的具体策略，实现规划项目的两个目标——提高农业生产率、保护和提升生态环境。

2. 生态优化规划方案的制订步骤

（1）设定生态保护目标

确认调查阶段初步制定的生态保护目标。

（2）设定保护对象生物

在调查阶段选定的值得关注的生物的基础上，设定符合调查结果和生态保护目标的保护对象生物。

（3）探讨生态优化策略

为了保护和形成生物空间活动网络，要明确规划项目可能的影响、消除形成空间活动网络的阻碍因素，并根据具体需求设定生态优化策略的内容。

（4）制定相关的维护管理方法

为了使具有生态优化功能的基础设施持续发挥效果，要探讨包括管理体制及管理实施方法在内的维护管理方法。

（5）制订生态优化规划方案

汇总上述生态保护目标和生态优化策略等，制订包含基础设施设计、施工方法以及维护管理方法在内的生态优化规划方案。

9.1.2 设定保护对象生物

在进行规划和设计时，为了明确生态优化的重点，需要设定作为保护生物对象的当地生态系统中的代表性生物。

1. 设定保护对象生物的目的

村镇地区生态系统的构成除了动植物以外，还包括空气、水、土壤、阳光等种种要素，要素间的相互关系非常复杂。面对复杂的生态系统，为了明确生态优化的重点，需要从调查阶段选定的值得关注的生物入手，设定保护对象生物。

2. 设定保护对象生物的方法

（1）设定的顺序

对于粗略调查整理的值得关注的生物，根据详细调查结果和生态保护目标，确认其能被选定为保护对象生物的理由。如果在详细调查中有新发现的稀有生物等，也要考虑是否列入值得关注的生物名录。此外，选定保护对象生物时也要参考专家的意见和当地居民的意见，并考虑生物的种群关系以及各种生物与规划项目的关系等。

（2）设定的视角

①值得关注的生物的种群关系（捕食与被捕食的关系、共生关系等）

捕食与被捕食的关系（例如鹭类与鲫鱼类）：鹭类的生息取决于作为饵料的鲫鱼的种群数量，因此把鲫鱼作为保护对象生物就等于保护了鹭类。

共生关系（例如短鳍鱼类—双壳贝类—虾虎鱼类）：这些生物中只要一类不能生息的话，其共生关系就不能成立，也就会给生态系统带来重大影响，因此要把它们一揽子全部纳入保护对象生物。

②与规划项目的关系（规划项目造成影响的程度、规划项目以外的影响等）

例如在因为建造混凝土水渠而被切断移动路径的生物（蛙类、龟类、蛇类等）中，把攀爬水渠壁的能力最弱的生物纳入保护对象生物范围。

③ 与生态优化措施的关系（措施对其他生物的效果、监测的难易度等）

蓄水池和水渠边的芦苇、水生菱群落等因为具有生物物种的典型性，对它们的保护也能对营造其他生物的生息环境做出贡献。因为保护这些生物的效果对生态系统的波及范围广，可以把它们纳入保护对象生物范围。

此外，有时可以通过监测某些生物来了解生态优化措施的效果，例如蛙类的卵块数量和萤火虫的发光情况等。为此，也可以考虑把这些生物设定为保护对象生物。

④ 与当地居民的关系（地区的历史文化、当地居民的关心程度等）

在村镇社区内的生物中，鲤鱼、鲫鱼等与垂钓、儿童戏水和饮食文化密切相关，从保护地区资源的历史文化的视角出发，可以考虑把这些生物纳入保护对象生物范围。此外，对于外形特别有美感的生物和作为地区象征物的生物，从提升地区的关注度和宣传当地特色的角度出发，可以考虑把它们纳入保护对象生物的范围。

9.1.3 确定生态优化策略

为了有计划、高效地保护和创建生物空间活动网络，要制定和探讨生态优化策略的范围，并基于阻碍生物空间活动网络的要素和对规划项目所造成的影响的预测，遵循生态优化的五原则来探讨生态优化策略。

1. 确定生态优化的范围

根据保护对象生物的空间活动网络信息（包括现状的空间活动网络和曾经存在的空间活动网络等）、水田水渠等环境的基础信息、对规划项目影响的预测结果等，设定生态优化的范围。简明易懂地进行范围设定对于当地居民理解方案非常重要。例如，可以将鱼类目前的空间活动网络保护的范围作为"空间活动网络的保护范围"，将恢复其曾经有过的空间活动网络的范围作为"空间活动网络的恢复范围"等，根据目的明确划分范围并清楚地命名。

此外，在设定范围时基于保护对象生物的空间活动网络，也可以根据需要适当扩展规划实施的区域。例如鸟类等的空间活动网络范围非常广阔，可以考虑将它们的采饵场地、繁殖场地等与规划实施地区关系密切的空间活动网络的一部分也设定为进行生态优化的范围。

2. 制定生态优化策略

（1）生态优化五原则的应用

如第1章中所述，应用生态优化五原则时，需考虑规划项目对环境的影响，首先探讨"避免"项目对环境影响的方案，在有困难时再降低标准，探讨能将影响"最小化"，以及"修正""减少或消除影响"的方案，降低标准仍有困难时则探讨"代偿"的方案，即在规划项目不得已对环境造成重大影响时，在别处重建同等的生态环境作为补偿。此外，还要根据上述的优先顺序合理地组合对策，防止保护对象生物在整个生态系统中的生息环境的数量和质量两方面的下降。

（2）制定策略的视角

① 一些水渠的特点是水流流速快，但在非灌溉期时其中多无流水，因此很难确保生物生息的环境。因为在灌溉期会从河流或蓄水池中有生物种群进入，所以从生物保护的角度需要探讨确保枯水期生物的移动路径的连续性。

② 一些水渠的特点是整年水渠中都有水且水流速度缓慢，适合应用旨在保护和形成鱼类和两栖类空间活动网络的各种优化策略。因此，需要探讨如何充分发挥其作为繁殖场所和越冬场所等空间活动网络的作用。

③ 蓄水池连接着周边的水田和林地，是地区生物空间活动网络的重要组成部分。尤其是蓄水池边坡的生物移动带，常常发挥着作为多样生物的生息环境以及移动路径的作用，需要探讨对其进行保护和优化的对策。

④ 水渠和农道两侧的坡面绿地作为鸟类和昆虫类等的移动路径发挥着重要作用。因此，探讨如何保护这些绿地非常重要。

⑤ 旱田整治产生的多余土方可以铺设在水渠底部，创造适合植被生长、能形成生物隐蔽场所的水中生态环境。这些场所的定位可以是鱼类的产卵地、鱼苗和幼体的生息场所、昆虫的繁殖据点等。在考虑如何保护和形成生物空间活动网络时，采用这种创新的做法非常重要。

⑥ 村镇生态优化规划通常与当地的其他规划工作相关联。例如，确保水渠与河流间的移动路径的连续性对保护在水渠和河流中活动的生物非常有效。因此，对于会在河流的干线和支线、小型水渠、水田中活动的鱼类等的空间活动网

络的保护和形成而言，相关的生态优化规划项目和河流的整治规划项目的协同非常重要。例如，每逢灌溉期满水时，一些鱼类就会从它们生活的永久水域移动到临时水域中来，此时就需要考虑鱼类移动的方便性，消除它们移动途中的物理障碍。

⑦ 在需要进行基础设施更新优化的地区，一些生物过去的空间活动网络可能已经消失，在进行设施优化的同时恢复生物的空间活动网络就显得非常重要。

⑧ 农业生产与生物空间活动网络的保护和形成密切相关。因此，可以结合对环保型农业的推广，或结合农业生产的地块轮换，探讨水田鱼道的设置点和优化内容，考虑生态优化措施与地区农业生产的协同发展。

⑨ 对于因为水渠的重新规划失去作为农业生产基础设施功能的蓄水池和水渠，出于保护生物空间活动网络的需求仍可以对其进行保留，并考虑如何确保其中水的供应并确定维护管理主体。例如，可以将其重新定位为亲水公园，在供生物生息使用的同时供当地居民休闲使用，并由他们来维护管理。

（3）设定生态优化策略

根据对生态优化范围内的规划项目影响的预测，制定旨在确保生物生息环境数量并提高其质量的生态优化策略。为了获得居民的同意，方案应能反映当地居民的意见，并可以将各类策略组合成多个综合方案供居民选择。此外，还要根据专业人员的意见，从农业生产、维护管理、经济性、景观等多个方面进行方案比选，做到提高农业生产效率和生态保护的双赢。

9.1.4 制定维护管理措施

1. 制定维护管理措施

为了保护生态系统，不仅要实施生态优化策略，持续性的后期维护管理也必不可少。对于生态优化规划中的基础设施，在让各方人员对其规划设计方案形成共识的同时，还要整理其需要的维护管理项目内容，确定维护管理的主体。

2. 制定措施的注意事项

（1）基于公众参与的维护管理

农业基础设施等是粮食稳定供给的基础，而适当的维护管理能使其也具有保护地区生态环境的价值。因此，进行生态优化规划工作时应对当地居民进行说明，让居民形成以下的认识：

- 地区的生态环境是当地居民的宝贵资产。
- 为保护生态系统，对于实施了生态优化的农田、农业基础设施等，长期的维护管理是必不可少的。
- 为了做好这些设施的维护管理，需要地区全员同心合力的投入和相互支持。

规划负责单位应就以上要点采用环境研讨会等形式进行耐心的说明，加深当地居民的理解，培养他们对生态保护的支持意识。在此基础上，还可以通过开展环境教育，根据地区的特点探讨富有创意的维护管理方法。

（2）可持续的维护管理

相比一般的设施管理，对于有助于形成生物空间活动网络、有利生态保护的设施的维护管理通常内容更为复杂，需要的工作量和管理维护费用都更高——考虑到一些村镇的劳动力减少和人口老龄化趋势的发展，需要探讨维护管理的内容和工作量的可持续性；同时也要考虑管理维护费用的维系问题。如果通过当地居民等的协作和互相支持难以做到可持续的维护管理，就需要对优化范围和相关的生态优化策略做出修正，保证方案的可落地性。表9-1中总结了一些常见的生态型基础设施的管理维护内容。

表9-1 生态优化的基础设施的维护管理内容案例

维护管理项目	维护管理内容（作业方法、时间、次数、范围、注意事项）	维护管理主体
考虑生物空间活动网络保护的水渠除草、疏浚污泥	·疏浚污泥、避开鱼类、两栖类生物的产卵期 ·清除水草、疏浚污泥不涉及全部水域，留存一部分避免环境的急剧变化	以农户、当地居民、街道与社区为主的共同协作组织
确保非灌溉期水渠的水位	·操作排水水闸调节水位	水利部门、街道与社区组织
驱除蓄水池中的外来物种、拾捡垃圾	·水池干枯时使用小捞网驱除外来物种并除草	水利部门（进行垂钓活动和生态保护活动等时考虑居民协助）
防止向蓄水池放生外来物种	·放养特定外来物种属违法行为，设置禁止放生的告示牌 ·定期巡视等	街道、社区组织

9.1.5 确定生态优化规划方案

汇总生态保护目标和生态优化策略,并根据在相关地区实施基础设施设计、项目施工、维护管理等计划,制订明确具体的生态优化规划方案。

1. 生态优化规划方案的目的

为发挥生态优化策略的效果,基于调查阶段取得的基础资料和充分的考虑,制订合理的规划方案,并让其能切实地在后续设计、施工、维护管理阶段得到贯彻非常重要。

2. 生态优化规划方案的制订

汇总梳理规划地区的生态保护目标、生态优化策略和维护管理措施等时,根据生态优化策略的实施计划,制作包括保护和形成生物空间活动网络范围和生态系统保护范围的图纸等,作为制定设计和施工阶段的生物友好对策的基础资料使用。生态优化规划方案应简明易懂,除了规划负责单位以外,还要作为提高包括当地行政部门和当地居民的生态环境保护意识的资料使用。另外,根据后续对设计、施工方案的探讨,对内容进行补充和修正也非常重要。

此外,如果想以面向生态优化的基础设施的维护管理和监测为契机开展乡村振兴工作,也要增强地区的生态保护意识并让规划方案得到居民的理解。因此,在制订生态优化规划方案的同时也可以制定相关的发展乡村振兴的蓝图。

表9-2梳理了常见的生态优化规划方案的内容。

表 9-2 生态优化规划方案的构成示例

1.地区生态环境概况	(1)地区的现状	突显地区特点的生态环境和重要的环境要素(生态系统、景观、历史等)
	(2)地区环境的问题	地区的生态环境中存在的主要问题
2.生态优化目标	未来地区生态环境的蓝图以及生态优化的基本设想	
3.生态优化策略	(1)生态保护范围	根据生态系统和景观的保护和形成等,确定生态优化范围
	(2)生态优化策略	确定范围内基础设施的生态优化策略
	(3)维护管理措施	制定生态优化基础设施的维护管理和监测措施
	(4)实施时的注意事项	明确生态优化规划的设计、施工时的注意事项
4.生态保护的推进体制	确定建立生态协商会体制的目的、参加主体、活动内容	

9.2 景观优化规划

9.2.1 规划方案的制订步骤

为兼顾农业生产效率的提升与地区景观品质的提升，需要制定景观优化对策和相应的维护管理措施等，以实现规划地区内生产与景观两者关系的协调。

1. 规划的目的

景观优化规划是为了实现农业生产水平的可持续发展与地区优质景观建设的相互协调而制订的方案。

2. 规划的制定步骤

（1）确定基本构想

根据调查了解到的地区景观特点，明确该地区理想的景观风貌以及景观优化的基本思路。同时需注意景观优化方案与现有地区规划之间的匹配和协调。

（2）制订景观优化规划方案

景观优化规划是为了实现作为景观优化对象的基础设施和周边景观之间的协调关系而制定的。在制定时，应基于调查获取的信息，讨论景观形成的视角和各类因素对景观的影响，并根据基础设施优化的基本思路与方案，确定景观优化方案、维护管理措施、实施时的注意事项以及推进优化的相关体制等。

9.2.2 确定景观优化对策

为了高效地推进优质景观的形成，需要明确规划项目对景观的影响，并了解景观优化的基本原则，在此基础上探讨景观优化策略。

1. 制定基本构想

景观优化规划的基本构想应包括地区景观概况、景观保护目标、景观优化区域范围、区域内的优化方向等内容。很多当地行政部门可能已经制定了与当地的土地使用、环境整治、景观营造等相关的各类规划与条例。这些既存的规划和条例中的一些内容可能与景观优化的基本构想是一致的，在制定基本构想时，可将其进行整合，对于既有规划中没有涉及的部分再进行专项设计。

2. 分析规划项目对周边景观的影响

（1）景观优化范围与视角的确定

与基础设施建设相关的景观优化策略的讨论范围，原则上应限定在优化对象设施的可见区域内。在该区域内，要在分析地区居民等的关注度和对象设施的景观优化目标的基础上，针对设施的位置、规模、形状等进行具体分析，确定合适的景观视角。

景观视角通常是当地居民与来访者容易驻足停留的场所，也是需要重点分析优化对象设施与周边景观关系的场所。具体而言，可以选择生活道路的十字路口、政府机关、医院、活动中心等与日常生活密切相关的公共设施附近的广场，或是能俯瞰村镇内部、对象设施全貌的场所作为景观视角。讨论景观视角时，当地居民与来访者的使用频率是重要的参考。

（2）分析设施对周边景观的影响

根据规划的内容，灵活应用景观模拟技术，探讨建设对地区景观的影响。与此同时，还要思考使用怎样的视觉表现形式来展示规划可能的影响，并就这一问题开展相关调研。

3. 明确景观优化的基本方向

为实现周边景观与优化对象设施之间的调和，可以参考作为景观优化的基本原则的"消除与遮蔽""修整与美化""保护""创造"四种基本方法，明确景观优化的基本方向。

农田和农业基础设施等是地区农业生产生活中不可或缺的部分，在考虑景观优化时也要保证设施原本功能的可持续性。为此，需要通过设置合理的维护管理措施提升设施功能与安全性，并提升当地居民对设施的认知度。而在讨论景观优化规划方案时，除了使设施与周边景观相融合，也可以考虑采用与周围环境的对比色等来达成与周边景观的协调，为此可以制订多个备选方案。

4. 制定景观优化规划对策

在充分分析了规划项目对景观的影响的基础上，制订景观的优化规划方案。景观优化方案应基于景观优化的基本原则，在考虑景观优化内容以及设施功能的基础上制作景观优化效果图，充分探讨如何使优化对象与周边景观相协调。

5. 了解当地居民等的意见

以设施优化后的效果图为基础，了解当地居民对于景观优化策略的意见。在了解居民的意见时，要考虑地区居民的工作属性（农户、农户以外的居民）及人数等，并通过问卷调查、访谈调查、研讨会等多种方式实施意见征询。

特别是通过召开研讨会，可以与当地居民、相关行政机关等围绕当地景观的形成交换意见，比选效果最佳的方案。为使设施在优化完成后发挥最理想的景观效果，提升当地居民对景观优化及当地景观资源的认知度也非常重要。

9.2.3 制定维护管理措施

对于面向景观优化而整修的设施，需要围绕其维护管理的项目、内容、管理主体等进行讨论，在相关人员达成共识的基础上，汇总并制定维护管理措施。

1. 制定维护管理措施

对于为优化景观而进行了修整的设施，通过定期的清扫等维护管理工作，可以减缓随时间变化所导致的景观要素的劣化。因此，从方案的规划阶段开始，就应就维护管理的项目、内容、管理主体开展讨论，在相关人员达成共识的前提下，汇总并制定维护管理措施。

2. 制定时的注意事项

（1）基于公众参与的维护管理

农田、农业基础设施等是食品供给的稳定来源，同时，通过维护管理而形成的优质村镇景观资源也是当地居民和国家的宝贵资产。因此，规划项目的负责单位不仅要对行政部门，还要通过召开环境信息分享会等方式来对地区全体居民进行说明，加深当地居民对项目的理解，促进居民对于景观优化措施和参与优质的地区景观创建活动的主动性，这对后期的维护管理工作至关重要。

（2）提升维护管理的可持续性

经过景观优化的基础设施的维护管理，与常规设施的管理相比，所需的工作量和费用相对较高。考虑到村镇人口老龄化持续深化的趋势和管理队伍可能面临的人手不足问题，为了确保维护管理工作的可持续，需要探讨多元化的管理体制和基于政府支持的管理补助制度。

9.2.4 确定景观优化规划方案

梳理整合景观优化对策，确定可指导后续的设计、施工、维护管理工作的景观优化规划方案。

1. 景观优化规划方案的目的

为切实优化村镇社区景观，应基于在调查阶段所获得的资料，通过对规划实施过程、实施方法的充分讨论，让其在设计、施工、维护管理环节得以贯彻执行。因此，规划人员应该汇总这些与景观优化规划相关的内容，制订规划方案，并传递给设计与施工人员。

2. 景观优化规划方案的制订

基于对优化对象地区和设施的基本构想，汇总景观优化策略和维护管理措施等。在汇总时，应绘制表现规划的景观影响和景观优化方案的各类图纸，并将其作为设计和施工中进行景观优化讨论的基础资料。景观优化规划方案可作为帮助当地行政部门、地区居民提升地区景观意识的资料，应通俗易懂。此外，在后续确定设计、施工方案时，对其内容进行重新审视和再次完善也非常重要。

以景观优化设施的维护管理为契机，能提升人们对地区景观的重要性的认知，并促进社区凝聚力建设。因此，在制订景观优化规划方案时，应该从调查环节就重视地区居民的意见，并在制订方案时考虑其对于社区建设的作用。

10 生态优化的基础设施设计

10.1 生物友好的基础设施设计

10.1.1 设计方案的制订步骤

根据调查结果和生态优化规划方案,探讨可能实施生物友好的基础设施的场地,根据现场条件和设计条件确定主要的设计方案,并进行深化设计。本节将主要以水渠为例,探讨相关设计的步骤和方法。

1. 梳理生物友好的设计方法

在考虑农田和农业基础设施满足农业生产基础功能的同时,明确其对保护和形成生物保护对象空间活动网络的作用,梳理可能的生物友好的设计方法。

2. 明确设计条件

农业基础设施在满足基本功能(规划用水量、规划排水量、规划水位、给排水系统、规划交通流量、规划道路宽度等)的基础上,还应根据具体的现场条件明确其在保护和形成生物保护对象空间活动网络方面的设计条件,以及与设施有关的水流和水系条件、用地条件、建材条件、维护管理条件等设计条件。

3. 确定生物友好的设计方案

综合考虑设计条件和整理的多种设计方法,从设施的功能性、安全性、经济性、施工便利性、维护管理的可操作性、景观的营造等视角出发,探讨并确定最佳的设计方案。

4. 方案的深化设计

对于确定的设计方案，还需根据设计条件进行给排水设计和结构设计，并进行设施的剖面形式、使用的材料等的深化设计。同时，还要汇总设计在施工方面的注意事项，制作施工指南等，并在相关人员之间共享信息。

10.1.2　整理设计方法

明确农业基础设施作为组成生物空间活动网络的"生息环境"或"移动路径"应发挥的作用，梳理可能采用的设计方案。

1. 确保设施的功能

生物友好的设计方案在满足基础设施本来的功能——例如将农业生产所需的水量安全有效地引流或储存等的基础上，还要确保其作为生物生息环境和移动路径的功能。

2. 有助生物空间活动网络形成的设计方案

根据基础设施在保护和形成生物空间活动网络的作用，梳理可能的设计方案。一般而言，可以在考虑各种设计方案特点的基础上，先根据用地条件重点选择罗列可能采用的设计方案；再考虑施工费用、征地费、维护管理费用等的经济性以及当地居民使用的方便性和安全性，进行方案比选。

（1）水渠中的空间活动网络

① 确保移动路径

移动路径上阻碍鱼类等活动的因素包括水渠内的高差、水渠与河流间的高差过大、水流流速过快等。因此，生物友好设计方案需要通过减小高差、拓宽水渠剖面、设置木桩等消除高差、降低水流流速并创造多样的流速。为此可以考虑的设计方案包括设置阶梯式鱼道、设置浅滩或水湾等。

② 确保生息环境

与鱼类等生息有关的环境要素包括流速、水深、植被、水底材质等，这些要素如果不合适，就发挥不了空间作为鱼类的隐蔽地、产卵地的功能。因此，生物友好的设计方案需要通过研究河流护岸和水渠底部的材质，以确保形成多样的流速和水深、缝隙空间、多样的水底材质和多样的植被。相关的设计方案包括设置浅滩或水湾、采用木质或自然石材的护岸等。

（2）水渠和水田中的空间活动网络

① 确保移动路径

阻碍鱼类等移动的主要因素是水渠与水田间的高差。因此，生物友好的设计方案需要以消除高差为目的。相关的设计方案有设置水田鱼道并连接水渠与水田间的鱼道，鱼道的设置还要考虑到鱼的高度等。在要进行完全整治的水田，鱼道的设计选择很多，出于施工便利的考虑大多可以设置聚乙烯的塑料成品水田鱼道。但在水稻和旱田作物轮换耕作的地区，为了不给农业生产增加负担，可以考虑采用简易鱼道的形式。

② 确保生息环境

水田及其周边小型水渠中的水生生物所需的植被、水底材质、水温等环境要素多种多样，但一般而言具有许多共性。例如多数生物喜好的湿地的水深要浅，积水区的水流要缓慢。因此，生物友好的设计方案要利用好小型水渠和休耕的农田，以确保能形成浅水和慢速水流。此外为了保护原有植物和昆虫类等的生息环境，水田的田埂和坡面应考虑使用原有的表土。

（3）水田、水渠等与林地间的空间活动网络

阻碍水田与林地间移动路径的主要因素有明渠的坡面过陡、壁面过滑等。因此，生物友好的设计方案需要解决这些妨碍生物移动路径形成的问题。就设计而言，要设置能防止生物掉落到水渠里的盖板、缓坡的护岸、在明渠设施中设置水湾空间等。由于水渠功能和构造、管理等原因不能设置盖板、水湾的时候，可以设置让掉落的生物停留的空间，并设置坡道等让其能自行脱险。

（4）蓄水池周边的空间活动网络

以蓄水池为主的空间活动网络，尤其是蓄水池的缓倾斜岸边的多样的水深和植被确保了多种生物所需的生息环境。因此，生物友好的设计方案要确保多样的水深和多样的植被，这对多数生物来说能提供共同的适宜的生息环境。相关的设计策略包括使用自然材质的护岸、设置木质的栅栏护栏等。

（5）水渠、农道等绿地的空间活动网络

绿化的设计方案除了恢复自然的植被以外，还包括使用适应当地气候和土质等条件的当地植物、使用乔木灌木的组合等，通过多种方法保护生物的空间活动网络。

10.1.3 明确设计条件

基于调查结果和生态优化总体规划，根据保护和形成保护对象空间活动网络的条件、流域水系的条件、建材的使用条件、维护管理条件等，以及各个具体基地的用地条件，对设计条件进行综合梳理。

1. 设计条件的确定

基于现场调查和生态优化整体规划方案，在满足农业生产基础设施的基本功能的基础上，根据保护和形成保护对象生物空间活动网络的条件、流域水系条件、建材使用条件、维护管理条件等，以及基地的具体条件，整理和明确设计条件。整理设计条件时，应咨询本地有识之士的指导并听取意见，并向包括农户在内的当地居民说明情况、达成共识。

2. 设计条件的梳理

（1）保护和形成保护对象生物空间活动网络的条件

整理有利保护和形成保护对象生物空间活动网络的环境条件（水深、流速、流量、水底材质、周边的绿地和水渠内的隐蔽地等环境），设定不会对空间活动网络产生重大影响的设计条件。

（2）河流流域、水系等条件

为了不造成水渠与河流间、水渠的上下游间、水田与林地间的生物移动路径的阻断，以及防止产生水渠和蓄水池的干枯、水边植物和树林遭砍伐造成生物生息环境的消失等现象，需要明确设施的构造、施工时间、工期长度、施工中的停工计划、施工方法、施工范围等。

（3）用地条件

整治水渠和农道等时，如果现状用地面宽不足，但又难以拓宽设施用地和施工区域，或是周边现存的构造物等对实施生物友好的设计方案需要的用地和施工区域造成阻碍，就要在考虑设计方案受限的现实情况，重新设定用地条件。

（4）建材使用条件

出于经济性和景观上的需求，以及对环保的考虑，应尽量使用本地产的自然建材（石材、木材等）和原料（水渠的底土、绿化表土、蓄水池的疏浚土、碎石等）作为生物友好设计方案的建材，为此需要了解建材的种类和保有量等。若使用地区外的沙土，应注意选取类似的生态系统和环境中的建材，同时注意不要混入外来物种。

（5）维护管理条件

在考虑当地行政部门以及包括农户在内的当地居民对维护管理参与度的同时，根据规划阶段制定的维护管理措施，确定作业的内容、范围、频率等维护管理条件。

10.1.4 确定设计方案

根据设计条件，考虑对象设施的功能性、安全性、经济性、施工可行性、维护管理便利性、对景观的影响等，进行综合分析，确定生物友好的设计方案。

1. 确定生物友好设计方案的方法

在参考国内外优秀案例的创新点、新做法、新概念的同时，综合考虑项目的功能性、安全性、经济性、施工可行性、维护管理便利性、对景观的影响等，从之前整理的多种方案中选择和确定生物友好的设计方案。

2. 确定生物友好设计方案时的注意事项

（1）设计方案的组合

可以对多个生物友好的设计方案进行组合，以提高生态优化设施的效果，减轻维护管理的成本。例如，在水渠剖面的左右两边护岸采用不同的设计方案，在部分水渠段中设置水湾等，使之产生水流和剖面的变化，从而创造出多样化的环境。除此以外，通过在水渠内的水湾内部倒置"U"字形的沟槽，可以使水湾产生流速的变化，并形成隐蔽的空间，创造出适合多种生物的生息环境。而在水田鱼道通往水田的接续处，通过设置能够进行倾斜度调整、灵活应对水田的水位变动的鱼道，可以减轻水田鱼道的维护管理成本。

（2）对周边环境的考虑

除了要考虑设计对象设施，为了使水渠边的植物、农道边的树林带、蓄水池周边的绿化带也能够作为生物生息环境和移动路径发挥作用，设计方案也要考虑设施周边的这些绿地空间等。此外，在分析生物友好的水渠等的设计方案时，需要考虑在河流与水渠连接处发生外来物种从河流入侵，导致新设置的水湾被外来物种占领等可能发生的问题。

（3）听取各领域有识之士的意见

在确定设计方案时，可以通过举办研讨会等广泛听取意见，不仅可以请专家、当地的有识之士、农户等参与，还可以请今后的设施使用者、可能参加维护管理的当地居民和NPO等参加。

10.1.5 进行深化设计

根据在生物空间活动网络的保护和形成中所起的作用、保护对象生物的生息条件等，在确定设计条件的基础上进行方案的深化设计。

1. 水渠中的空间活动网络

（1）确保移动路径

① 设计的基本要点

水渠中的主要生物是鱼类，可能阻碍鱼类移动的高差大、流速急的节点包括：a. 水渠与河流连接处；b. 坡度大流速急的流段；c. 进行河床或水渠坡道整治工程的地方；d. 支流水渠与干线水渠的连接处。

其中，对于发生在a的问题可考虑在连接处设置小规模的鱼道进行缓冲；发生在b的问题可考虑通过拓宽水渠、设置木桩、堆石、丁坝等来减缓流速。对于发生在c、d的问题可通过拓宽水渠、设置迂回的流线来缓和，但征地费和施工费用会相应提高。这种情况下可以在确保河床和水渠的通水功能的基础上，通过优化剖面设计提升其作为鱼道的功能，这对满足多种鱼类使用需求，以及降低维护管理成本和保护其景观属性都非常有利。

② 设计流速

设计流速需要在考虑保护对象生物（例如需要逆流而上的鱼类）的游水能力的基础上确定。另外，水渠的流量常常会随时节变动，水流流速也会相应发生变化。因此，需要确认大流量时的流速是否会超过鱼的游水能力，小流量时是否能够确保一定的流速。例如，对于底部铺垫大石块的鱼道，因为比较难以预测其完工后的水流流速，可以一边对流速进行监测，一边铺设石块。

③ 形状和高差

例如与水渠相邻而设的鱼道，在设定其宽度、长度、水深时，需要考虑逆流而上的鱼类的大小和数量。逆流所需的最小的鱼道长度通常为鱼体长度的2～4

倍，宽度同其体长，深度是其身高的2倍左右，鱼道尺寸需要确保即使鱼道中鱼群的数量增加也不会出现流速的大幅变化。此外，如果坡度能控制在10%左右，则小型鱼类也能够顺利地逆流而上。

④ 其他

在鱼道的下游可以设置能让水流透过的扁圆石笼作为护基，但如果其位置高于水渠底的高度的话，水流量小的时候水就不能淹没石笼，使得水深可能达不到鱼类逆流所需的深度。而把石笼位置降低埋入底部的话，就可以确保一定的水深，让鱼类在鱼道中聚集。在鱼道的上游也一样，需要确保逆流而上的鱼类能中途休息的水深。此外，为了让鱼从较高的水域落入较低水域时不会受伤，要避免在水渠中使用尖锐的石块和金属防护网，这对维护管理的安全性也很重要。

（2）确保生息环境

确保生物生息环境的设计方案有很多。流速、水深、隐蔽地等生物的生息条件，以及气象、水流量、水底的沙土等环境条件都会等因生物物种和所在地区的不同而各不相同。因此，设计时不能全盘照搬其他地区的案例，而要充分考虑本地的实际情况和条件。

① 有效利用当地的植被和建材

水渠里的植被有以下功能：通过减缓流速和形成背阴处，创造生息环境；创造鱼类等的产卵地；净化水质等。在营造生息环境时应该尽量避免使用高价的建材，并尽量使用当地的自然石和沙土、木材等。通过对当地的植被品种和建材进行组合，能进行经济且有效的设计。

② 有效利用流水的作用

通常水渠由于流水的作用会产生底部的堆沙，水深和流速、水底的材质等也会因此发生变化，在设计上可以利用这种流水的作用。例如，需要形成浅滩和水湾时，不一定要人为设置石块和对水渠底进行特别设计，而可以考虑通过丁坝工程等使水流产生变化，依靠流水的冲刷自然形成浅滩和水湾。

③ 考虑适应性管理的设计

事先把适应性管理的设想纳入设计，通过生物友好的设计方案让流水能发生变化、植被能自然恢复，同时阶段性地建成生物生息的环境，从经济性和维护管理的便利性的角度看都非常有效。例如，如果要通过加设石块和木桩来减慢流速，营造鱼类的隐蔽地时，可以考虑不进行大范围施工，而是通过确认鱼类生息环境的形成情况以及检视维护管理方面的问题，直接加设一些石块和木桩。此外，如果需要对设施进行疏浚污泥和坡地除草等维护管理工作，则可以考虑分时段地进行水渠内作业和坡地除草作业，从而减轻维护管理负担。

2. 水渠与水田间的空间活动网络

（1）确保移动路径

有关水渠鱼道已经有许多研究成果和施工范例。鱼类的移动与鱼群数量、水渠的坡度与高差等要素密切相关，因此实际的设置效果会有一定的不确定性。为此，可以参考以下对鱼道坡度和形状的建议，并在现场试验的基础上根据需要进行修正，完成设计。

① 水田鱼道的位置

可以在能确保鱼类逆流或顺流时的必要水量、有大范围集水面积、日常有恒定的水流量的地方设置鱼道。在实施越田灌溉的地区，在末端的水田里设置鱼道对于让鱼类可以在大范围内移动非常有效。

② 坡度

根据施工经验，大多鱼道的坡度在7%（约4°）～36%（约20°），若采用10%左右（约6°）的坡度，则各种鱼都可以在其中逆流；如果设置与水渠相邻的鱼道，则可以采用更大一些的坡度。此外，水田鱼道会因降雨流经鱼道而产生频繁的流量变化。坡度大的鱼道在水流量大时流速会变急，相反水流量小的鱼道内的水深就会变浅，妨碍鱼类逆流而上。因此，为了避免幅度较大的水流量变动，坡度不宜设置得过大。

③ 形状（宽度、分隔壁的角度和高度、高差）

为了不让设有分隔壁的鱼道因为水流量的增大流速变快，可加宽鱼道的宽度。为了确保鱼道内保有一定的水流，可考虑在分隔壁上附设角度（切口），水深则可以通过隔壁高度调节。分隔壁的高度和间隔设置还要不妨碍鱼类的逆流。

④ 与农户的合作

水田鱼道如果设置在农家水田的田埂畔、绿化部门管理的坡地上，则维护管理等需要与相关农户和相关部门协调进行。此外，为了有效地发挥水田鱼道的功能，不能让水田的水深过浅，同时要在枯水期设置沟渠引导鱼类进入鱼道，这也需要得到农户的理解。

（2）确保生息环境

① 农田作为生物生息区域

将弃耕的农地和闲置的农田灌满水作为生物生息场所使用，可以为鱼类、两栖类、水生昆虫类提供生息环境。但是，将弃耕地和闲置的农田暂时作为生物生息场所，可能会因为连年的满水造成耕种基础消失和田埂的塌陷等，让粮食生产的基础功能消失，并导致将来的复耕困难。此外，为了维持良好的生物生息环境而进行的犁地和除草活动等也会增加管理的费用和劳力。因此，将农地用作生物生息场所的规模和时间需要综合农户的意见，并考虑其作为生产基础的功能性、管理的可操作性、地区的农业生产模式（农田轮耕）等来设定。相关的给水设施、生物观察据点等也可以根据划定的时间选择可移动的简易设施。

② 确保农田周边的生物生长环境

农田是暂时性的水域，在干枯期、引水后到翌年水满前的注水期，除了冬季满水的水田以外的农田都不能形成水生生物生息的水域。因此，在得到农户理解的基础上，要在别处确保生物生息的环境，例如根据条件在农田周边设置水生生物生息的小水渠等。

3. 水田、水渠与林地间的空间活动网络

（1）确保移动路径

① 基本设计方法

如果两栖类动物掉落到坡面高、坡度大的开放式水渠中，就很难自己爬出来。因此，设计时需要明确调查阶段发现的重要的生物移动路径，探讨加盖板等避免两栖类动物掉落到水渠中的应对措施，难以加盖板的水渠则可以设置方便两栖类从水渠中爬出来的缓和的护岸。此外还可以在水渠内部间隔设置一些通往两岸的坡道，但要注意如果加设坡度的部位少，或是坡道被淹在水中，就难以确保效果。

② 材料与坡度

水渠盖板材料的选用需要考虑耐久性和经济性，护岸材料的选择和坡度的设置则需要考虑保护对象生物的爬坡能力。一般而言，为使生物能容易攀住水渠壁面，应选用粗糙且有孔隙的材料让草木能够攀附生长，坡度则要缓和。

③ 水流的控制

水渠内水流流速快的话，生物就容易被冲走并很难逃脱。因此，要通过设置水湾使水流流速变缓，并确保有植被能生长。此外，为了使生物容易到达水湾位置，可以调整水渠的流线，并设置木桩使水流能流向水湾。

（2）考虑生息环境的设计

应该充分分析，确保生物移动路径的设计方案能切实提升保护对象生物的生息环境质量。例如，蛙类成体主要在林地生活，早春为产卵会移动至水田，水渠的盖板可以作为其移动路径。而在设置水渠坡面时，如果只在一侧设置就难以产生效果，此外还要让护岸坡度尽量和缓以方便动物幼体的移动。

4. 蓄水池周边的空间活动网络

为确保形成多样的水深和植被，应对蓄水池的护岸形状和材质等进行设计。

（1）护岸形式

综合考虑蓄水池的安全性和维护管理的可行性，通过对直立的板桩和护岸的整治，提升护岸形式的多样性。对于水位变动大且护岸坡度大的蓄水池，可以将护岸剖面设计成多段式或阶梯状，使之能根据水位变动形成浅滩。

（2）护岸材料

蓄水池的护岸材料可选用有利于植物生长的土坡、石材、木材等自然材料，以及考虑了生物攀附需求的混凝土制品。在尽量多利用设施施工产生的石材边料和地区木材余料等的同时，根据需要，还可以考虑将挖掘蓄水池时的土方作为周边的加固材料和岸边的护岸材料进行再利用。

（3）岸边的植栽

蓄水池分为在山坡上修建的山谷池和在平地的洼地修建堤坝形成的盆地池。不同的蓄水池中栖息的生物也不同，根据周边的环境应避免种植园艺植物，而尽量选用当地的植物品种。因为植物的种类不同，形成的鱼类和昆虫的生长环境、水质的净化、护岸的保护等的功能也会不同，为此，要尽量选择多样的植物，形成水生植物、浮叶植物、沉水植物等多种植物群落。

在岸边的植物不足时要进行补种。蓄水池沿岸的水位变动大，容易受到水的侵蚀而使植被的基础不稳定，因此需要选择不易受基础设施修整和水位变动影响的品种。有时蓄水池底部的土壤会混入水生植物的种子，也可考虑在铺设坡面时用埋有种子的蓄水池里的土方作为铺面覆土。

（4）考虑代偿措施

在进行蓄水池施工时，干枯的蓄水池底会使生物的生息环境消失。为此，可以考虑在蓄水池的部分区域设置水潭，使生物能够持续生活。在设置水潭有困难时，可以在施工期间将生物暂时移动或移栽至其他有相同环境的场所，等到施工完成后再放生回原地。

（5）应对外来物种

蓄水池是包括外来物种在内的多种生物的空间活动网络的据点。因此，设计时避免外来物种生息区域的扩张非常重要。例如，为了避免蓄水池与流入的水渠间的高差带来外来物种入侵，在有此类风险的地方可以不考虑减小高差的问题。另外，施工中需要抽水到池里，在下游地区有外来物种的地方，可以在引水管的下游侧设置拦网等，防止外来物种流入。

5. 水渠、农道等绿地的空间活动网络

水渠和农道等沿线的林带绿地不仅是哺乳类、鸟类、两栖类、昆虫类等小动物休息、繁殖、越冬等的环境，还发挥着移动路径的功能。因此在整治水渠和农道时，要有效利用空闲地带创造绿化网络。

（1）根据生态保护目标设置绿化

依据规划阶段设定的生态保护目标，在考虑植物的功能性（供保护对象生物采集饵料、休息、营巢等）的基础上，选定植物品种（一年生的草本植物、多年生的草本植物、乔木、灌木、落叶树、常绿树、针叶树等）和植物组合方式（混合林、多层林等）。

（2）栽植树种的选择

基于生态保护目标中描绘的未来绿化环境蓝图，考虑生长期的树高、树冠大小以及当地的土质等基础环境情况，选定栽植的树种。

（3）多种植物的组合

自然的树林中不仅有乔木，还生长着灌木，构成复合形态的树林带，并形成了鸟类、昆虫类等的多样空间活动网络。因此，选择多样的植物种类进行组合非常重要。

(4)当地植物的选用

经过整治的农道如果坡面坡度缓和、土壤不容易被侵蚀的话，就可以考虑地区环境的适应性问题，选用适合当地植物生长的表层土。选择栽种的绿化品种时，要在考虑地区环境条件的基础上优先选用当地的植物品种。

(5)当地居民的理解和协作

在整治树林带时，除了考虑鸟类等的集聚和筑巢以外，还要考虑可能带来的虫害对农作物的影响，因此取得农户的理解非常重要。此外，随着植物的生长，打扫落叶、修剪树枝等维护管理也非常需要，因此需要探讨在当地居民等的协作下进行维护管理的方法和体制。

6. 注意事项

上述为创造生物空间活动网络的典型设计方法，但在进行实际设计时，还要在此基础上考虑当地的具体条件。此外，设施的水文设计和构造设计须依据设计规范和标准来进行。除了方案设计本身，还要对施工时间等进行规划，并整理制作施工指南等，从设计的角度明确施工阶段的注意事项。

10.2 景观优化的基础设施设计

10.2.1 设计方案的制订步骤

景观优化设施的具体设计方案应该根据当地实际情况制订，并使之与周边景观相协调。在规划环节，要对景观优化对策及优化对象设施的位置等做出初步的大致设想，并确定作为设计条件的基本事项。在设计环节，则要根据上述情况，通过实地测量等方式，进一步分析具体的地形和用地条件等，并从农业生产效率的维持与提升，以及包含景观优化在内的生态环境优化两方面目的出发，从功能性、安全性、经济性以及维护管理便利性等角度出发对设施进行设计。

在设计环节，要根据景观优化规划，在满足农业生产基础设施基本功能的基础上，根据景观优化对策的实施条件、用地条件、建材使用条件、维护管理条件等进行因地制宜的设计。基于上述设计条件以及基于时空两个维度的景观协调关系分析，可以通过模拟等方式评价景观优化策略对建立良好村镇景观的效果，并制订景观优化设计方案。

在进行与景观相协调的基础设施设计时，不仅需要有识之士、农户、当地行政部门的相关人员的共同参与，还要和参与设施使用与维护管理的当地居民以及NPO组织等进行商议，广泛地征求意见。

10.2.2 明确设计条件

根据当地规划及景观优化规划的结果等，梳理包括景观优化方案的实施条件、用地条件、建材使用条件、维护管理条件等具体情况在内的设计条件。

1. 设计条件的确定

基于景观优化规划以及设计阶段的勘察结果等，探讨实施农业生产基础设施的景观优化策略所需的实施条件、用地条件、建材使用条件、维持管理条件等的具体情况，梳理设施的设计条件。确定设计条件时，需要在获得专家的指导和建议的同时，向包括农户在内的当地居民等进行情况说明，以便达成共识。

2. 梳理设计条件

（1）景观优化方案的实施条件

根据景观优化规划，从时空两个维度分别讨论并设定与景观优化的基本原则相匹配的设施规模、位置、形状、色彩等要素。

（2）用地条件

根据实施景观优化所需的基本条件等来确定用地的规模和位置，如果规模和位置稍作调整就能实现更好的景观优化方案，则可以适当调整用地条件。

（3）建材使用条件

从经济性和资源的有效利用的角度出发，优先将当地可利用的自然材料（石材、木材等）等作为实施景观优化的材料使用，探讨并确定材料的种类、保有量、耐久性等问题。

（4）维护管理条件

考虑到当地行政部门以及当地居民参与维护管理的能力有一定限度，应依照规划环节所制定的维护管理措施，明确设定维护管理的内容、范围、频度等维护管理等条件，避免当地居民负担过重。

10.2.3 确定设计方案

根据当地居民和有识之士等的意见和设计条件,思考并综合讨论优化对象设施的功能性、安全性、方案的可行性、维持管理的便利性等问题,在此基础上决定景观优化的方案设计。讨论时,要充分分析作为设计条件的规模、位置、形状、色彩、肌理、材质等要素,并兼顾该设施与周边景观的协调性。

1. 基础设施的景观优化设计思路

在设施的景观优化设计中,需要根据对现场的勘察结果,再次确认观看优化对象设施的最佳视角。此外,要基于项目可能会对周边景观造成的影响,牢记景观优化方案的基本设计原则,确认与周边景观相协调的优化办法与方针,并围绕其进行具体的设施设计,讨论规模、位置、形状、色彩、材质等要素。

2. 再次确认观看优化对象设施的最佳视角

在推进设计的过程中,可以深入探讨优化对象设施的详细位置、形状等,并再度确认调查和规划环节所设定的眺望优化对象设施的视角对于展示景观优化的效果是否最佳。根据实际需要,可以对设施的位置、形状等进行再次论证,在位置发生大幅变动时,则要重新设定景观视角。

3. 基于空间与时间视角的景观协调

(1)从空间视角出发的景观协调设计

河道和农道的走向和形态会对景观的景深和远近感产生影响,农田等的表面会带来空间的放大感和扩张感,泵站和田边的水泵等设施则会对画面的尺度感和其他景观构成要素的可视性产生影响。而基础设施的规模、位置会对周边景观的整体结构和秩序有很大的影响,需要探讨其与地区其他景观构成要素(山峦、村落等)之间的协调关系。由于规模、位置是与优化对象设施本身的功能密切相关的设计内容,通常在规划环节就已经大致确认了。但是当确定的设施规模、位置与周边景观确实难以协调时,可以重新对景观优化规划进行讨论。此时可以根据对象设施的形状、色彩、材质等具体问题,探讨替代的设计方案。

(2)从时间视角出发的景观协调设计

时间推移对景观优化方案的影响既有阳光、季节变化等短期的影响,也有经年变化等长期的影响。在考虑与景观协调的设计时如果只考虑某一时间的状态,就难以提升村镇景观的整体质量。此外,针对周边景观中无法直接确认的地区历史、文化因素、阳光和季节变化等随时间变化的要素，根据调查和规划所掌握的情况开展分析也非常重要。

对于建筑物，需要考虑阳光的量与质的变化，留意太阳的方位和高度角变化引起的光线方向改变以及形成的阴影与反射，及其对于色彩、机理和材料的影响。此外，还要采用不会与植被的季节性色调变化不协调的色彩，为此要观察分析设施与周边景观协调关系的经年变化关系，据此进行设计。在长期的经年变化中，自然石材可能随着时间的流逝，展现出与周边景观越来越趋近融合的风貌，而植物的生长也会与周边景观逐渐协调，对此开展分析也非常重要。

4.景观优化设计的思路与注意事项

在进行景观优化的基础设施设计方案时，作为设计条件的规模、位置、形状、色彩、材质等的确定需建立在对优化对象设施的特征、功能性、经济性、安全性、维持管理便利等的分析基础之上。此外，在讨论色彩、肌理、材质时，也需要考虑时间推移带来的老化问题。

（1）规模、位置的确定

优化对象设施的规模、位置在规划阶段虽已经大致决定，但如果设施的规模及位置稍有改动，就可能带来景观的不协调。在不利影响较大时，可将优化对象设施融入地形，或者通过种植树木等方式等对其进行遮蔽。

（2）形状的确定

根据优化对象设施的种类不同，其形状的确定方式和优化方式存在较大差异。例如农田的形状包括田埂的线性元素和坡面的形状，农道和管理用道有道路的线性要素，河道有直线的线性元素和护岸的形状，泵站和管理楼有作为建筑的形状，桥梁有其构造形式等，各自由不同的形状构成。

这些优化对象设施的形状是其与地区景观协调的基础，在确定时可以参考该地区的设计代码。同时，从规模、位置、色彩、肌理、材质等方面出发，探讨使用的设计代码是否合适也非常重要。例如，如果将适用于特定用途的木造建筑的设计代码应用于钢筋混凝土建筑，或应用于不同规模、功能的其他建筑物，就可能会产生与周边不协调的景观，需要引起注意。

（3）色彩的确定

对于与农业基础设施相关的各种建筑、门、河道护岸、桥梁、防护栏等要素的色彩选择的自由度较高。但如果色彩选择错误，就会与周边景观不协调，甚至导致景观遭到破坏。因此，需要根据周边景观的特点选择适当的色彩，谋求与景观的协调。此外，通常情况下，在村镇地区不建议采用高亮度、高彩度的色彩，可以参考当地的景观色彩方针指南等进行色彩的统筹规划。

（4）肌理的确定

肌理是指物体表面的触感和让人产生触觉联系的表面特征。景观的肌理是赋予景观表情，增强其亲近感和品位的要素。虽然肌理本身很少成为景观的主题，但是作为形成景观基调的要素，肌理至关重要。即使充分讨论了形状和颜色，还是会因为材料使用不当而导致肌理与周边景观不符、无法协调的情况。因此，在选择材料时，要考虑用在优化对象设施表面时的凹凸和花纹等，分析其给人的印象，并调整材料的加工方法。

此外，因为自然材料产生的肌理大多不会让人觉得无趣，因此从形态和谐的观点出发，需积极研究如何使用自然材料。在使用混凝土等人工材料的情况下，为弥补质感的缺乏，可以考虑在表面上使用凹凸花纹，同时通过设置绿化带来加入自然元素。在考虑凹凸产生的肌理时，要注意阴影方向会根据阳光的照射方式发生变化，观察的角度不同，肌理的表现方式也会随之变化。

（5）材料的确定

根据优化对象设施的种类不同，能满足其功能性和耐久性的选材范围可能会受到限制。如过选材自由度较高，可以多考虑使用石头、木材、土等自然材料。此外，也可以根据景观规划来尽量使用当地产的木材和石材等自然材料。

11 生态友好的施工方案设计

11.1 生物友好的施工方案

11.1.1 施工阶段的生态保护

为了减少施工阶段对当地生物种群的影响,在施工中也应采取生态优化策略。除了设计时选定的施工方法、建材以外,对于施工的场所和时间等方面的注意事项也要与施工方积极沟通,获取理解。

1. 施工时间的协调

在确定施工时间时,需要考虑到生物生息中重要的活动时间段。例如,在鱼类的繁殖期,需要避免河流和水渠的施工,施工时间不能与生物重要的繁殖、生长时期相重叠。在不得已需要在这段时间中施工时,则需要采取对策来减少工程对生物的移动和移植的影响。

2. 阶段性施工的协调

在较大范围内同时进行施工,会给地区的生态系统和周边环境造成重大影响。因此,需要考虑生物空间活动网络,并讨论为缓和影响进行分区施工和施工方法调整等措施的可能性。例如在进行水渠施工时,可以通过调整工程分区、进行多段水渠的分阶段施工来确保生物空间活动网络的连续性,并在施工完成后可继续从相连水域得到鱼种供给,以实现生态系统的快速恢复。

3. 生物的移动和移植

施工中需要暂时完全改变生物的生息地时,要事先根据专家的意见探讨在施工实施前进行生物的移动和移植的必要性。对于当地稀有的动植物还需要相关的环境保护组织和当地居民的共同合作来对其进行保护。

（1）移动和移植时间的探讨

移动和移植应在植物容易存活、对其生息环境影响小的时期进行。例如，要避开鱼类的繁殖期和植物的开花期等重要的生物活动时间。此外，在多种生物的生息相互依存关联的情况下，还需要注意保护相关植物的种子。

（2）移动和移植目的地的探讨

进行移动和移植作业时，除了根据专家意见进行具体的移动移植规划，还要研究移动和移植的目的地（包括暂时的目的地），需要注意目的地中是否存在捕食物种，以及日照、湿度条件等生物的生息环境是否合适。

在往新设的种群环境和保护池中进行生物的移动和移植时，需要一定的时间才能形成适合生物生息的环境。因此，要在对底土情况和饵料资源的复原情况进行调查的基础上，分数次实施分阶段的移动和移植，最大限度地减少生息环境变化的影响。此外在移动和移植时，还需要特别注意防止移入外来物种，同时防止外来物种的侵入，发现时要立即清除。

4. 施工时的环境保护

考虑到保护对象生物所需的生息环境，为了减少施工期间对生物的影响，可以考虑采用遮光和减噪措施，以及减少沉沙池等影响的措施。在环境保护区域，可以用绳索等警示物划定禁止进入的范围，明确施工现场边界。在生态优化设施的施工中，还需要根据现场情况灵活地应对各种变化。因此，设计时选定的施工方案、建材、施工场所和时间等事项的协调都需要得到施工者的理解，在情况发生变化时也需要及时与施工人员沟通并研究对策。

此外，施工时移动沙土和暂时性地出现裸土都容易造成外来物种的入侵，所以要采取用油布等盖住暂存的沙土、在坡面等使用本地物种进行绿化等措施，以防止外来物种生息地区的扩张。

11.1.2 制定施工指南

在实施生态优化施工方案的基础上，还要汇总注意事项、制定生态优化的施工指南，并在各相关人员间共享信息。

1. 施工指南的制定与施工管理的完善

通过汇总生态优化的相关注意事项作为施工指南，并将其记录在设计方案和施工说明书等文件中，可以让规划单位和施工方共享关于生态优化的设想。为了不对施工区域以外的环境造成影响，对于临时道路、建材堆场、施工人员和施工机械的通行空间等，尤其应明确标示禁止进入的区域，并完善施工管理。

表11-1总结了常见的面向生态优化的施工指南内容：

表 11-1　面向生态优化的施工指南案例

1. 基本方针	（1）每个施工人员都要积极为生态保护而努力	
	（2）积极促进与地区居民的交流，听取有关生态保护的要求	
2. 生态保护事项	（1）考虑动植物生息生长的环境	努力确保动物的移动路径及生长环境
		将植被砍伐限制在最小限度
		在坡面施工时，通过使用当地的表土恢复当地植被
	（2）考虑周边环境	促进使用低噪音、低振动、低污染排放的建筑机械
		施工用道路、建设的沙土处理场、建材堆放地要通过洒水减少沙尘
	（3）考虑水质保护	根据需要设置施工的污水处理设施等
		通过巡查和水质调查等了解水质状况
	（4）利用现场的土方	尽量在建设中再次利用施工挖掘的土方
3. 确认生态保护的效果	根据需要确认效果，效果不理想时进一步采取对策	

2. 使用信息栏等公示生态优化策略

此外，还要为每个具体设施制作生态优化事项的信息栏。信息栏可以用于方便规划单位和施工方在施工的各阶段互相确认措施实施情况，同时也可以用于维护管理和监测阶段的资料公示。

11.1.3　公众参与的施工方法

通过公众参与型施工，可以促使当地居民形成生态保护意识，同时也能为构建公众参与式的维护管理模式提供契机，并能节约施工费用。

1. 公众参与型施工的目的

将公众参与生态优化规划的范围扩大到基础设施的设计和施工阶段,可以有效加深当地居民对生态优化和生态保护的理解和意识。

2. 公众参与型施工的效果和效用

(1) 促进参加设施的维护管理

通过让居民自身参与到设施的施工过程中,容易让居民了解设施的构造和使用方式等,在今后需要维修和修缮时居民会比较容易参加。

(2) 促进生态保护意识的形成

通过公众参与型施工进行生态优化设施建设,还可以培养当地居民对设施的亲近感,调动公众参与设施维护管理的热情,以便将来进行可持续的维护管理;同时也可以促进当地居民的生态保护意识、连带感以及对地区资源的再认识,进而乐意为社区的环境保护和地区振兴尽一份力。

(3) 节约施工费用

公众参与型施工一般有两种实施方法——按量计算支付劳务费的方式和定额的劳务提供方式,与一般的承包式施工方式比较,有望减少一定的施工费用。

11.2 景观优化的施工方案

11.2.1 施工阶段的生态保护

在对基础设施进行施工时,需要坚持对其景观协调性的考虑,梳理并汇总注意事项,让相关人员周知并落实。此外,有时也可以进行实验性施工,即一边确认景观优化的效果一边开展施工。

设计环节的景观优化方案如无法正确传达给施工人员,施工时就会出现方案中的意图无法落地的情况。为了避免此类问题,需要在图纸上适当地插入注释、参考照片和表格等,尽量将方案的意图准确地传达给施工人员。例如,在确定色彩时,在明确标出色彩的客观数值(孟赛尔色卡等)的同时,也要让数值留有一定的调整空间,为之后增加建材、涂料等时保留余地。

此外,在根据设计进行景观优化方案的施工时,既有采用新技术进行施工的情况,也有采用传统施工方法的情况,此时,开展施工实验非常有效。通过实验可以确认施工方法的可行性、合理性，以及能否达到预期的景观优化效果。

11.2.2 公众参与的施工方法

与上节所述类似，通过组织当地居民等参加施工建设，可以提升当地居民等对景观优化策略的认知，以在未来实现由居民主导的设施维护管理，并起到推动地区建设、节省工程费用的效果。

1. 公众参与型施工的概要

公众参与型施工是指在村镇的设施建设中，针对比较简单的工程项目，由当地居民等根据自身的意愿直接参加并实施。通过居民参与，可以给地区带来凝聚力；同时通过探索有创意的施工方法减少工程成本与负担，提升设施今后的维护管理效果。

2. 公众参与型施工的目的

组织当地居民参与施工的目的是，不仅要让居民参与到项目的规划中，还要让参与范围扩展到设计与施工阶段，从而加深当地居民对景观优化措施的理解与认同。

3. 公众参与型施工的效果和意义

（1）促进参加设施的维护管理

与上节类似，通过让居民参与到景观优化设施的规划、设计、施工，容易让其了解设施的构造和使用方法等，在今后需要维修和修缮时，居民就比较容易理解和支持。

（2）提升当地居民的景观意识

通过让居民参与景观设施建设，可以增强当地居民对设施的亲近感，提升居民参与设施维护管理的意识，以及未来维护管理的可持续性。此外，通过从规划的制定阶段开始就让当地居民就参与协商，有助于提升其景观审美意识和对地区资源的认知度，今后更关注地区景观的保护，并积极利用景观资源振兴地区建设。

（3）节约工程费用

公众参与型施工分两种实施方法——按量计的劳务费的支付方式和定额的劳务提供方式，与一般的承包式施工方式比较，有望减少一定的施工费用。

12 维护管理与持续生态优化

12.1 生物友好的维护管理方法

12.1.1 维护管理中的注意事项

为了充分发挥实施生态优化策略的设施作为包括生物生息环境及移动路径的空间活动网络的功能，对设施的合理维护管理非常重要。而社区生态保护的效果会波及整个地区，因此需要地区一体化的维护管理措施来确保其可持续的使用。

实施生态优化策略的设施本身大多也是农业生产基础设施，为了发挥其作为生物空间活动网络的功能，需要在进行环境监测的同时实施维护管理。例如，农业基础设施伴随农业生产活动会产生沙土堆积，有时难以确保规划设计时的水流量、水质、水底材质等，考虑到设施内生息的生物，就需要定期进行疏浚污泥等维护管理工作。

而用水管理和除草等农业生产活动如果能与生态保护相联系，就能提高生态优化措施带来的保护和创建空间活动网络的效果。因此，在工作中得到农户和当地居民的合作非常重要。这种伴随设施维护管理的生态优化效果波及整个地区，因此需要地区一体化的维护管理，并保证其可持续性。为此，规划单位要从调查规划阶段起就与农户、当地居民等实施维护管理的主体充分沟通。

12.1.2 与农业生产经营的协调

水田和水渠的水位调节、枯水期和引水时间的调节、环保型农业的推进等因素和基于生态优化的农业基础设施整治及维护管理一起，对于保护生物生息的环境非常重要。同时，这些做法会带来农业生产模式的变化，对于引导农户形成生态环境保护意识也非常重要。

而为了得到当地农户的理解和协作，需要让他们认识到在与其他生物共生的环境中生产出的安全安心的农作物可以提升农产品的附加价值，因此对参与的农户而言也是有实际好处的。通过沟通宣传让农户建立相关的意识非常重要。

12.2 生态监测与适应性管理

12.2.1 开展生态监测

为了确认生态优化策略的效果，在施工中和施工后应持续实施监测，进行生态优化措施效果的评估。

1. 实施监测的要点

为了确认生态优化措施的效果，需要在施工前的调查结果的基础上充分考虑保护对象生物的生息环境，合理划定监测的范围、方法、期间，并比较措施实施前后的生物空间活动网络状态。

为此，要以事先整理好的监测内容为基础，在施工中和施工后持续监测生物的空间活动网络状态。同时在施工后完成一段期间的监测之后，整理结果并对事先预想的空间活动网络是否充分发挥作用做出评估，在评估结果的基础上根据需要，实施设施等的适应性管理。此外，可以通过持续实施地区一体化的监测，共享地区环境信息和生态优化效果信息，提高当地居民的生态环境保护意识。

监测的方法和内容应该是当地居民可以持续执行的。例如，可以制作包括监测调查概要、调查方法、调查各地点的采样重点的"简易监测手册"。除了保护对象生物，还要选定需要监测的外来生物物种，监测其空间入侵和繁殖情况，并根据需要实施驱除等措施。实施驱除措施时，有时需要大量人力，因此要探讨包括当地居民在内的多主体协作的实施方案。

2. 制订监测计划

在生态优化实施前的调查结果的基础上，要制订监测计划，确定监测的范围、方法、时间，以比较实施前后的状态。在制订监测计划时，要以调查阶段了解的生物空间活动网络状态为基础,在听取专家的指导意见的同时,针对纳入监测对象的保护物种,根据其生息环境分类确定调查方法、调查地点以及调查频率。例如,针对一年四季在数个生息场所间移动生活的生物,要配合它们在生息场所间的移动时间开展监测。对于空间活动网络中的重要场所(产卵地等),则要就生物的移动情况和对空间的使用情况进行重点监测。监测最好在生态系统稳定的时期实施。表12-1整理了监测时间的选取范例。

同时应注意,制订监测计划是进行监测结果评估、完善设施的适应性管理方法的基础,因此方法的选取要考虑公众参与,做到简明易懂,方便居民理解。

表 12-1 生物监测时间与内容案例

生物分类	监测目的	监测时间	监测内容
植物	移植后的稳定情况	4—5月 开花期	·了解调查区域的植物分布范围 ·测量移植前后的个体数,了解移植后的个体数变化
两栖类 爬虫类	产卵情况	2—4月 繁殖期	·在调查区域,采用目击法、动物活动痕迹法了解两栖爬虫类的活动范围 ·为了解蛙类的产卵情况,从卵块数推断个体数 ·为确认鱼道中的鱼类逆流情况,在出口处设陷阱进行捕获调查 ·了解在农业用水渠与水田鱼道、水田内移动的鱼类品种 ·为了解保护池内鱼类的生长情况,进行幼体、成年鱼的捕获调查 ·设置水面植被调查区并对生物个体数进行定量调查
鱼类	鱼类逆流情况	5—6月 繁殖期	·为确认鱼道等鱼类逆流情况,在出口处设置陷阱进行捕获调查 ·为了解产卵情况,首先了解在农业用水渠与水田鱼道、水田内移动的鱼类品种
昆虫类	生息个体数	6—7月 幼体期	·为了解保护池内鱼类的生长情况,进行幼体和成鱼的捕获调查 ·设置水面植被调查区并对生物个体数进行定量调查

3. 监测结果的评估

为了确认生态优化措施的效果,要以能够比较实施前后情况的方式汇总监测结果,并以生态系统保护目标为标准开展评估。在评估时,除了要考虑生物空间活动网络的状态，还需要考虑与其相关的水质、水量等环境要素，为此要听取专家的意见，做出综合判断。当评估的效果不理想时，还要考虑变更监测方法、频率或调整调查地点，采集能满足分析要求的详细数据。

12.2.2 进行适应性管理

生态系统是个复杂体系且会变化不断，因此要根据需要不断完善和灵活修改设施的维护管理方法。为此，要基于监测计划持续地实施调查，确认生态优化措施的效果并汇总结果。在优化效果不明显的情况下，需要将对规划和设计的修改意见等反映给相关部门，并根据需要完善和变更设施维护管理方法，进行适应性管理。

1. 适应性管理的概念

适应性管理（adaptive management）是指处理具有不确定性的对象的灵活管理系统，尤其适合对野生生物和生态系统的保护和管理。生态系统组成复杂且会变化不断，已实施的生态优化措施并非一定会达到理想的效果。因此，需要事先考虑到会有不符合预期的情况发生，根据需要完善和灵活地修改设施的维护管理方法。

2. 实施中的注意事项

适应性管理的实施需要农业和村镇建设相关的工程学科，以及生态环境相关学科的专业知识，单靠维护管理组织难以实施，因此需要发挥有相关知识的专业人员的作用。例如一些硬件设备难以等到规划建设结束后再进行优化，因此需要从适应性管理的理念出发，尽早考虑设备的优化方案。在建材选择中使用木材、石材等自然材料也是一种容易在设施建设完成后继续应用生态优化策略、实施适应性管理的方法。如果要设置冬季满水的水田和水渠鱼道等生物空间活动网络的修复技术，还需要注意防范外来物种的入侵，以及将此处作为越冬场的鸟类粪便等引起的水质污染问题。

3. 监测结果的运用

通过对包括监测结果、适应性管理结果在内的生态优化措施及成果信息的整理和汇总，并将其反映在下一年度实施的生态优化措施和近邻区域的生态优化规划和设计中，将为整个地区的生态优化做出持续的贡献，因此非常重要。

12.2.3 建立管理与监测体制

维护管理及监测能提高农田和农业基础设施等的生态优化效果，其实施需要以当地居民为主的多主体来合作推进。这种体制应该在规划项目的早期就开始建立，并逐步发展形成设施的维护管理体制。

1. 多主体参与的维护管理体制的建立

对于包括农田和农业基础设施在内的社区生态环境的保护和优化效果会惠及整个地区，但与常规的维护管理工作相比，对其进行维护管理的工作量大多会有所增加。因此，理想的情况是以农户和当地居民为主开展维护管理工作，并得到行政部门、当地学校以及各种团体的支持协作。

为了推进建立这种体制，从规划项目实施的早期阶段起就让各主体参与生态优化的调查、规划方案的制订非常重要。此外，以生态优化的实施和监测为契机组织社区活动，能有效减轻维护管理的负担。同时，动员当地居民为生态优化的实施献计献策、通过设置告示栏或制作宣传手册宣传活动的结果，也有助于唤起居民对相关活动的关注。此外，在这些活动中，培养能本着主人翁精神领导维护管理工作的领军人物也非常重要。

2. 项目规划主体与维护管理主体的交接

为了进行生态优化效果的监测调查和对生态优化设施进行维护管理，项目的规划主体需要将生态优化措施实施后的图纸与照片、施工照片、监测结果等资料移交给维护管理的主体。为此，可考虑召开包含参与维护管理工作和实施监测人员的研讨会，面对面进行交接和磋商。

12.3 景观的维护管理

为营造良好的村镇社区景观，让景观优化方案中的设施充分发挥作用并符合景观优化规划的目标，对设施进行合适的维护管理非常重要。为此，设施管理者需要在促进当地居民等各类人群参与管理的同时，对维护管理体系不断进行完善。此外，在施工完成后，为了防止设施的经年变化导致的景观劣化，也需要定期检查，开展适当的清扫和维修等维护管理活动。

1. 维护管理的目的

进行维护管理的目的是确保规划设计中制订的景观优化方案的可持续性。优化对象设施由于变旧和损伤等，会产生色彩变化、肌理消失、形状改变等情况，从而使景观发生变化。此外，坡道绿化等栽植了植物的区域，由于植物自身的生长变化、其他植物的混入、外来物种的入侵等，也会破坏其景观效果。

为了防止建成后因经年变化而导致的景观劣化，需要定期实施检查，进行适当的清扫、除草、修剪等维护管理活动。为此，在促进包括当地居民在内的各类人群参与管理的同时，设施管理者还要与行政部门、NPO等组织紧密合作，将维护管理纳入整个地区的规划发展中。此外，维护管理体制的完善有助于提升景观效果的可持续性，应该在规划制定的初期就对此进行讨论。

2. 项目建设主体与维护管理主体的交接

项目建设主体需要将实施了景观优化对策的设施等的图纸、建设前的照片、施工期照片以及明确记录了景观优化对策内容的资料移交给维护管理主体。通过召开有关维护管理工作具体措施的研讨会等，当面将管理工作相关的具体内容移交给维护管理主体，可以提升工作的效率和效果。

3. 基于多主体共识的景观管理

为持续发挥景观优化方案的效果，在制定维护管理规划时，可考虑与相关部门签订相关的维护管理协定。此外，要围绕协议确定维护管理的机构设置、以社区或个人为单位开展工作的频度及内容、维护管理的实施细则等问题。为此，让设施管理者、相关行政部门、当地居民等多主体能形成共识非常重要。

12.4 以生态优化为契机促进地区建设

12.4.1 基于生态优化的地区建设的意义

由多主体参与的地区生态保护规划不仅能保护当地的生态系统，还有利于促进地区的建设发展，并为社区带来活力。

近年来，一方面城市地区的居民希望能多接触多彩的村镇环境，而另一方面在村镇内部，伴随人口数量的下降和老龄化，次生自然环境和生态环境资源的质量下降带来了许多问题。在这种背景下，村镇社区的生态优化规划除了有利于保护生态环境，也可以成为激发社区活力、促进村镇与城市居民的交流、通过将象征地区资源的农产品品牌化实施乡村振兴等的良好契机。这些附加的内容反过来也会促进地区的生态环境保护工作，促进居民形成将生态环境作为地区资源的意识，也促进生态优化设施的可持续维护管理。

如上所述，以村镇社区生态优化规划为契机开展的地区生态保护工作有利于提升社区活力和增进社区凝聚力。因此，从调查和规划阶段起，不仅是当地居民，相关的行政部门、环境团体等多主体的参与必不可少，与他们一起共同制定地区振兴的目标、形成整个地区的共同行动意识也非常重要。

12.4.2 基于生态优化的地区建设方法

为了以生态保护为契机推进地区振兴和建设，在相关人员之间形成对地区生态环境问题的共同认识非常重要。

为此，需要积极采用各种交流方法，让相关人员能理解与地区生态环境相关的问题，并可以根据当地社区的特点组合使用各种交流方式。而为了积极推进地区振兴，在各种参与主体中还需要起到火车头作用的领军者来引领其他主体共同发挥作用。为此，在探讨地区的生态优化保护议题时，从调查规划阶段起就要发挥生态环境协商会等组织的作用，有目的性地培养这种领军人才。

结　语

　　本书在目前村镇生态空间规划的研究以宏观和中观层面居多的现状基础上，从微观层面出发，综合多国经验，较为细致地探讨了能具体指导我国村镇社区生态空间优化规划工作的策略和技术。在上篇中，从村镇社区生态优化的总体目标与原则、面向规划各阶段和各类型空间的生态优化策略、基于"三生"空间协调理念和公众参与理念的生态优化策略等方面出发，构建了村镇社区生态空间的优化策略库；在下篇中，从村镇社区生态空间优化的基本内容、目标的设定方法、调查的实施方法、规划方案的制订方法、基础设施的设计方法、施工方法、后续的维护管理等方面出发，梳理了针对村镇社区这一小尺度空间的生态规划相关技术。

　　本书的特色主要在于：① 关注面向微观尺度、以社区空间为代表的村镇生态空间优化规划问题；② 关注贯穿规划工作全阶段的生态优化内容，并通过融入公众参与理念来提升优化效果的可持续性；③ 关注以生物保护为代表的自然功能和以景观营造为代表的人文功能的双重生态提升目标。希望本书的成果能为村镇的生态保护与地区建设的协同发展提供新思路，使与生态优化相关的规划理念在村镇地区，尤其是村镇社区中的落地更具可操作性，进而提升村镇社区生态空间规划工作的社会和经济效益。

参考文献

（1）颜文涛，卢江林. 乡村社区复兴的两种模式：韧性视角下的启示与思考[J]. 国际城市规划，2017，32（04）：22-28.

（2）闫琳，曾婧. 基于乡村可持续发展和社区营造理念的村庄规划方法研究：以北京市怀柔区北沟村村庄规划为例[A]. 中国城市规划学会. 城乡治理与规划改革——2014中国城市规划年会论文集（14小城镇与农村规划）[C]. 中国城市规划学会：中国城市规划学会，2014：17.

（3）张琳，刘滨谊，宋秋宜. 现代乡村社区公共文化空间规划研究：以江苏句容市于家边村为例[J]. 中国城市林业，2016，3：12-16.

（4）刘勇，韩力，侯全华."社区营造"视角下的历史文化名村保护规划探析[J]. 建筑科学与工程学报，2017，34（04）：112-119.

（5）刘冲. 白村：农业产业化导向下关中新型农村社区空间规划模式研究[D]. 西安建筑科技大学，2017.

（6）赵卿，宋玢，赵薇. 需求导向下以社区为单元的村庄规划编制方法：以陕西省富平县荆川村为例[J]. 规划师，2016，32（01）：57-62.

（7）倪书雯. 基于社会关系体系的农村社区公共空间研究[D]. 浙江大学，2013.

（8）罗思夕，余侃华，张月. 基于绿色增长的多村-社区融合发展机制及规划应对研究[J]. 城市建筑，2019，16（30）：17-19.

（9）周游，周剑云. 城市规划区内的乡村规划编制实践：以广州市南沙区芦湾村规划为例［J］.城市规划，2015，39（8）：99-100.

（10）许峰，刘惠田，白淑军.当代国外乡村社区生态规划策略发展研究［J］.小城镇建设，2015（06）：85-89.

（11）洪惠坤."三生"功能协调下的重庆市乡村空间优化研究［D］.西南大学，2016.

（12）陈晓华，王方，储金龙.基于"三生"空间协调的传统村镇居民点空间优化研究：以国家建制镇示范点源潭镇为例［J］.安徽建筑大学学报，2017，24（6）：84-90.

（13）刘鹏，陈荣蓉，杨朝现，等.基于"三生"空间协调的农村居民点布局优化研究［J］.水土保持研究，2017，24（2）：283-288.

（14）张云路，李雄，孙松林.基于"三生"空间协调的乡村空间适宜性评价与优化：以雄安新区北沙口乡为例［J］.城市发展研究，2019，26（1）：116-124.

（15）沈潇.山地乡村"三生"空间发展水平及优化策略研究［D］.华中科技大学，2017.

（16）徐磊，董捷，陈恩.基于"三生"功能的长江中游城市群国土空间利用协调特征［J］.水土保持研究，2018，25（2）：257-263.

（17）张景鑫.基于"三生"空间的区域国土空间利用质量及耦合协调度评价：以苏南城市群为例［J］.农业科学研究，2017，38（03）：57-63.

（18）蔡云楠，郭红雨，林静华.广州：公众参与从手段走向目标［J］.北京规划建设，2005（06）：33-35.

（19）李彦辰，孙弘.基于社区规划师制度的社区公众参与研究［J］.城市建筑，2020，17（01）：87-91.

（20）张译文.公众参与视角下的社区农园设计研究［J］.城市建筑，2020，17（08）：109-110.

（21）黄怡欣，叶昌东.老旧社区更新公众参与工作中高校团队介入探究［J］.城市建筑，2019，16（16）：118-121.

（22）王潇，焦爱英."村改社区"居民主观幸福感，社区认同与社区参与关系的实证研究［J］.兰州学刊，2014（11）：71-80.

（23）卢锐，朱喜钢，马国强.参与式发展理念在村庄规划中的应用：以浙江省海盐县沈荡镇五圣村为例［J］.华中建筑，2008（04）：13-17.

（24）彭程.公众参与在乡村景观规划中的实践与意义：以贵州省铜仁市木黄镇凤仪村村庄规划为例［J］.小城镇建设，2020，38（01）：50-56.

（25）刘忆瑶，常江.日本历史文化街区保护中公众参与的经验与启示：以川越市一番街为例［J］.城市建筑，2019，16（13）：178-180.

（26）贺勇，孙佩文，柴舟跃.基于"产，村，景"一体化的乡村规划实践［J］.城市规划，2012（10）：58-62，92.

（27）日本农林水产省.面向实施环境友好的工程的调查规划·设计技术指南（環境との調和に配慮した事業実施のための調査計画・設計の手引き），2015.

（28）日本农林水产省.农业农村整治工程中的景观问题技术指南（農業農村整備事業における景観配慮の技術指針），2018.

（29）韩国农村振兴厅.农村振兴工作基本计划2018—2022（농촌진흥사업기본계획2018—2022），2022